国网安徽电力 2022 年
生产技改大修自主实施优秀案例集

国网安徽省电力有限公司设备管理部
国网安徽省电力有限公司滁州供电公司 编

合肥工业大学出版社

图书在版编目(CIP)数据

国网安徽电力 2022 年生产技改大修自主实施优秀案例集/国网安徽省电力有限公司设备管理部,国网安徽省电力有限公司滁州供电公司编 .—合肥:合肥工业大学出版社,2023.7

ISBN 978-7-5650-6380-0

Ⅰ.①国… Ⅱ.①国… ②国… Ⅲ.①电网—电力设备—检修—案例—汇编—中国 Ⅳ.①F426.61

中国国家版本馆 CIP 数据核字(2023)第 129576 号

国网安徽电力 2022 年生产技改大修自主实施优秀案例集

国网安徽省电力有限公司设备管理部
国网安徽省电力有限公司滁州供电公司 编

责任编辑		张择瑞
出版发行		合肥工业大学出版社
地 址		(230009)合肥市屯溪路 193 号
网 址		press. hfut. edu. cn
电 话		理工图书出版中心:0551-62903204
		营销与储运管理中心:0551-62903198
开 本		710 毫米×1010 毫米 1/16
印 张		9.75
字 数		186 千字
版 次		2023 年 7 月第 1 版
印 次		2023 年 7 月第 1 次印刷
印 刷		安徽联众印刷有限公司
书 号		ISBN 978-7-5650-6380-0
定 价		58.00 元

如果有影响阅读的印装质量问题,请与出版社营销与储运管理中心联系调换。

编 委 会

2022 年，按照国网公司生产技改大修工作要求和公司重点工作部署，公司各单位切实加强生产技改大修自主实施工作，通过核心业务实施，加强技能人才队伍培养，协同多维激励措施，不断推动核心业务落实落地。公司全年累计完成技改大修业务"自己干"1363 项，占比年度计划总数 49％，自主实施比例提升 105％，基层班组作业技能、检修工艺、技改大修项目管理能力得到有效提升。

为充分总结生产技改大修"自己干"工作成效，打造标杆示范，发挥引领带动作用，公司组织开展了 2022 年自主实施优秀案例评选活动，从实施组织、安全管控、工艺质量业务难度等维度考评一批优秀示范项目。经各单位自评推荐、省公司各专业审核评比、部门综合评定，评选产生 2022 年生产技改大修具有代表性的案例，打造标杆示范，发挥引领带动作用。

入选优秀案例集的单位、班组及所有参与人员应当再接再厉，认真贯彻落实公司生产技改大修管理最新工作要求，以提升基层班组作业能力为重点，加强作业团队建设，制订业务提升计划，深入推进 2023 年生产技改大修核心业务自主实施，着力打造标杆示范，依托核心业务"自己干"提升专业技能、培养专业人才，为公司现代设备管理体系建设做出新的更大贡献。

编　者

2023 年 6 月

目 录
CONTENTS

国网安徽铜陵供电公司 110kV 谢垄变 110kV ♯1 主变更换 …………… （001）

国网安徽芜湖供电公司 220kV 繁盛 2D22 线 ♯49 塔修理 ………… （014）

国网安徽蚌埠供电公司 10kV 解青 41 线粮校等台区 10kV

　变压器及 JP 柜改造 ……………………………………………… （019）

国网安徽安庆供电公司 110kV 东河变等变电站 110kV 断路器改造 … （024）

国网安徽阜阳供电公司 220kV 邢郭 2762 线水泥杆改造 ………… （029）

国网安徽宣城广德供电公司 110kV 横山站 10kV 凤井 114 线

　建材市场 1 号公用变等 5 台箱式变压器改造 …………………… （039）

国网安徽淮南供电公司 220kV 万岗变电站 220kV ♯1、

　♯2 主变 10kV 套管大修 ………………………………………… （046）

国网安徽淮北供电公司 110kV 文海 772 线隐患治理 …………… （053）

国网安徽滁州供电公司 220kV 天长变等变电站主变压器有载

　开关修理 ………………………………………………………… （058）

国网安徽宿州供电公司 220kV 马井变主变保护改造 …………… （066）

国网安徽芜湖供电公司 110kV 沈巷变电站 1 号主变压器更换 …… （070）

国网安徽蚌埠供电公司 220kV 官凤 2772 线路改造 …………… （076）

国网安徽阜阳界首供电公司 10kV 枣林 107 线徐楼 ♯37032

　柱上变等配变改造 ……………………………………………… （081）

国网安徽合肥供电公司包河区域延安路变 10kV 32 开关

　包河花园线路改造 ……………………………………………… （084）

国网安徽马鞍山供电公司 220kV 采石等变电站 220kV 电压互感器

及避雷器改造 ……………………………………………………（092）

国网安徽亳州供电公司 220kV 焦楼变 220kV 焦涡线 2720 开关等线路

保护装置更换 ……………………………………………………（096）

国网六安供电公司 220kV 文峰变 220kV♯1 主变保护改造 …………（105）

国网安徽池州供电公司 110kV 查桥变 1 号主变更换 …………（111）

国网安徽黄山区供电公司 10kV 城西 112 线等线路配电自动化

开关改造 …………………………………………………………（123）

国网超高压公司 1000kV 特高压芜湖站 1000kV T032、T052

断路器合闸电阻气室改造 ………………………………………（126）

国网安徽铜陵供电公司 110kV
谢垄变 110kV♯1 主变更换

（铜陵公司）

一 项目基本情况

项目名称：国网安徽铜陵供电公司 110kV 谢垄变 110kV♯1 主变更换。

项目内容：110kV 谢垄变♯1 主变运行时间已超 26 年，运行年限较久，不满足新版国家能效标准 3 级能效要求。根据《国网设备部关于开展在运变压器能效提升治理工作的通知》（设备变电〔2021〕89 号）及《变压器能效提升计划（2021—2023 年)》要求，到 2023 年，逐步淘汰不符合国家能效标准要求的变压器，需对 110kV 谢垄♯1 主变进行更换。

开竣工时间：2022 年 9 月 29 日至 2022 年 11 月 5 日。

本次作业内容：自主开展 110kV 谢垄变♯1 主变高压套管安装，并完成主变安装前后的试验工作。

典型业务及等级划分：油浸式本体及附件检修，等级为核心业务 I 类。

实施单位：铜陵供电公司。

二 项目实施情况

（一）前期组织情况

1. 强化专业融合。铜陵公司依托匠心检修劳模工作室，成立自主实施业务项目管理团队（见图1），并组建检修试验柔性团队（见图2）。铜陵公司变电检修中心根据涉及专业及工作量从各个专业抽取相应的人员组成柔性团队，负责整个技改大修、设备消缺的协调实施、技术把关、安全管控。深入推进技改大修"自己干"工作，实现降本增效、提升员工技能水平、增强检修专业综合管理能力，逐步打破专业壁垒，将检修"专科医生"逐渐打造为"全科医生"。

国网安徽省电力公司铜陵供电公司工作通知

运检工作〔2022〕010号

国网铜陵供电公司
关于组建技改大修自主实施业务项目管理团队
的通知

公司所属各有关单位：

为进一步贯彻落实《电网生产技改大修项目管理工作细则（试行）》（电设备工作〔2022〕31号）文件要求，对自主实施现场安全、作业质量、工程进度等进行全方位管控，经研究，决定组建项目管理团队，负责铜陵公司运检专业技改大修自主实施业务的统筹协调、监督检查、评价考核等全过程管理。

特此通知。

国网铜陵供电公司运维检修部
二〇二二年四月六日

图1 国网铜陵供电公司关于组建技改大修自主实施业务项目管理团队的通知

2. 落实技术保障。铜陵公司结合运检全业务核心班组建设，组织动员变电检修中心党员、入党积极分子和青年骨干积极参与到技改大修"自己干"工作，打破班组和专业分工，组建涵盖检修、试验、保护和自动化等专业的示范项目自主实施柔性团队，为顺利推进自主实施提供了技术保障。2022年，技改大修自主实施项目实行项目负责人制和工作积分制，并将"自己干"成效应用于绩效考

图 2　国网铜陵供电公司关于组建设备运检全业务核心班组建设柔性团队的通知

核、班组长晋升、年度评先评优等。

3. 深化市县一体。针对 110kV 主变更换项目实施，铜陵公司组织县公司检修、试验人员全程跟班学习，对现场勘查、施工方案、工作票、现场施工关键点进行全面梳理。通过现场观摩学习的方式，为 110kV 变电站属地化运维打下良好基础。

（二）实施过程描述

1. 落实风险管控。运检部组织变电检修中心、变电运维中心及吊车司机开展现场勘查（见图3），严格落实"四个管住"、《国家电网有限公司关于进一步

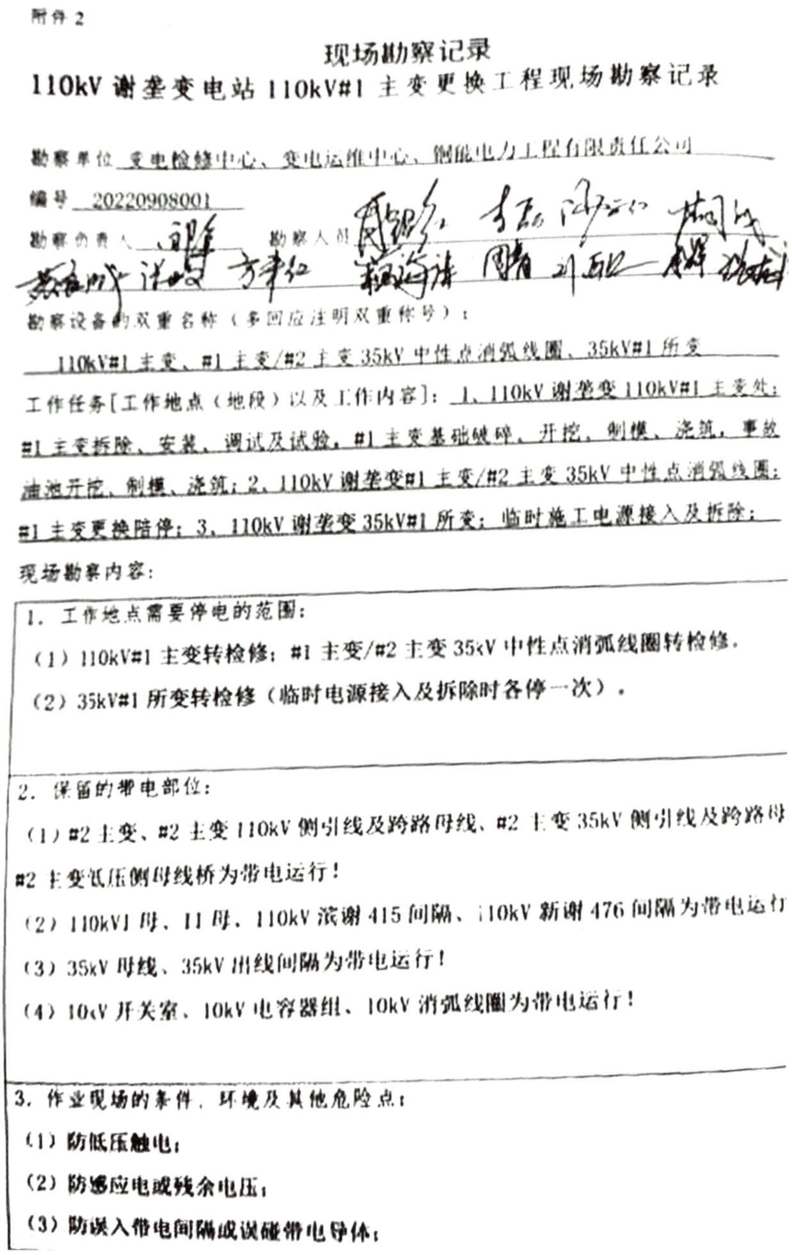

附件2

现场勘察记录

110kV 谢垒变电站 110kV#1 主变更换工程现场勘察记录

勘察单位 变电检修中心、变电运维中心、创能电力工程有限责任公司

编号 20220908001

勘察负责人 <u>过群</u>　勘察人员 <u>雨鹏、王伟、沙永、柳琦、蔡会成、许勇、方圣红、赖海林、陶晰、刘职、解汝斌</u>

勘察设备的双重名称（多回应注明双重称号）：

　110kV#1 主变、#1 主变/#2 主变 35kV 中性点消弧线圈、35kV#1 所变

工作任务[工作地点（地段）以及工作内容]：1、110kV 谢垒变 110kV#1 主变处：#1 主变拆除、安装、调试及试验，#1 主变基础破碎、开挖、制模、浇筑，事故油池开挖、制模、浇筑；2、110kV 谢垒变#1 主变/#2 主变 35kV 中性点消弧线圈：#1 主变更换陪停；3、110kV 谢垒变 35kV#1 所变；临时施工电源接入及拆除；

现场勘察内容：

1. 工作地点需要停电的范围：

（1）110kV#1 主变转检修：#1 主变/#2 主变 35kV 中性点消弧线圈转检修。

（2）35kV#1 所变转检修（临时电源接入及拆除时各停一次）。

2. 保留的带电部位：

（1）#2 主变、#2 主变 110kV 侧引线及跨路母线、#2 主变 35kV 侧引线及跨路母线、#2 主变低压侧母线桥为带电运行！

（2）110kVⅠ母、Ⅱ母、110kV 滨谢 415 间隔、110kV 新谢 476 间隔为带电运行！

（3）35kV 母线、35kV 出线间隔为带电运行！

（4）10kV 开关室、10kV 电容器组、10kV 消弧线圈为带电运行！

3. 作业现场的条件、环境及其他危险点：

（1）防低压触电；

（2）防感应电或残余电压；

（3）防误入带电间隔或误碰带电导体；

图 3　作业现场勘察记录

加强生产现场作业风险管控工作的通知》（国家电网设备〔2022〕89 号）、《国网设备部关于进一步强化生产现场作业风险防控的通知》（设备技术〔2022〕75

号）关于作业风险过程管控等要求，认真编制勘查记录和作业方案，明确停电范围、检修任务、工作现场周围带电部位、吊车摆放（见图 4）及行进路线、主变更换现场位置（见图 5）、施工期间现场硬质围栏示意（见图 6）等。运检部组织方案审查，并形成整改意见，督促变电检修中心及时落实整改，完成方案审批。

图 4　现场勘查后吊车摆放方案

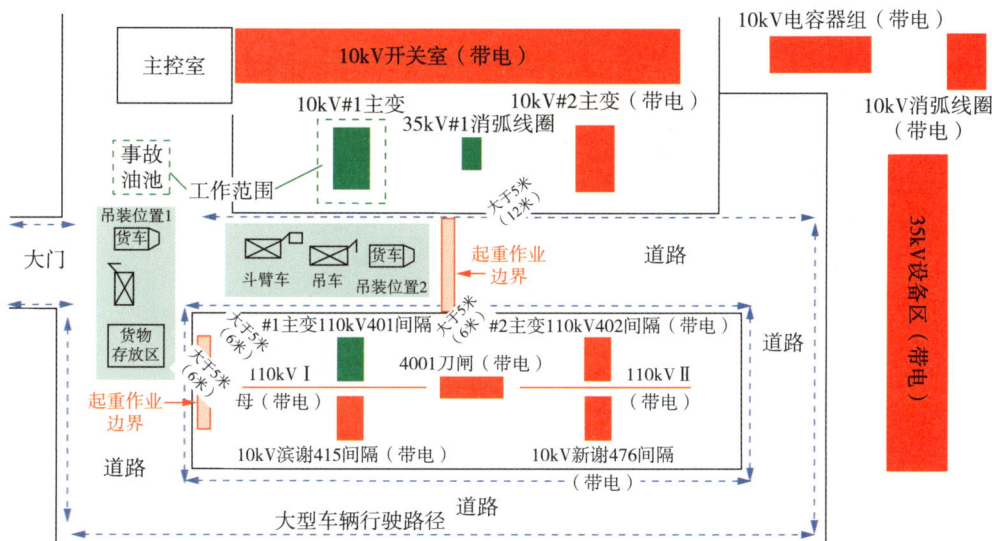

图 5　主变更换现场位置示意图

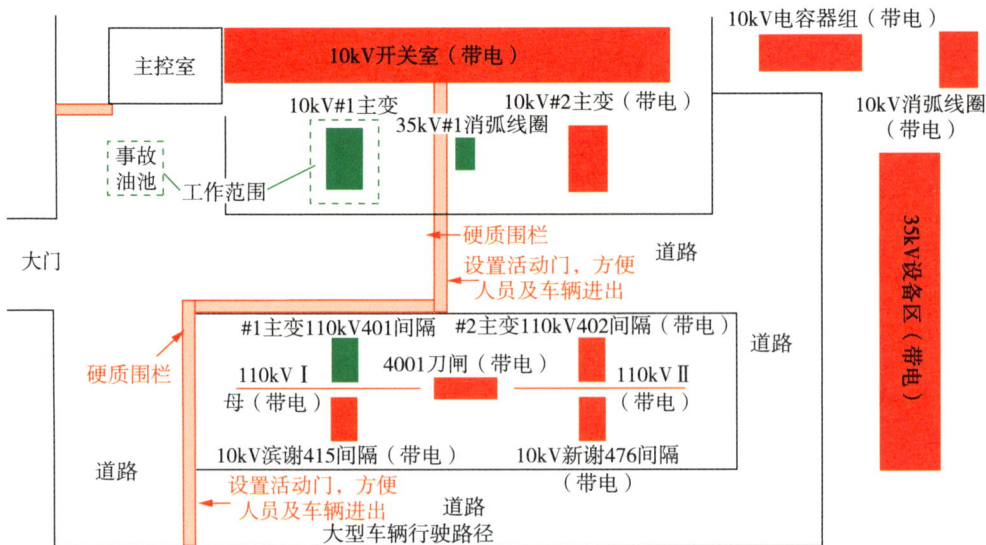

图 6　主变更换期间现场硬质围栏布置示意图

2. 严格工序工艺。对作业人员开展现场交底、检查工器具和试验仪器等。为防止高坠，按照标准化工艺流程，严格按方案开展作业，合理布置作业现场、规范摆放工器具（见图 7）、标识起吊等区域。全程有条不紊、干净整洁。

图 7　主变更换现场工器具摆放在专用工具垫上

3. 深植技能提升。结合劳模工作室建设，开展变电核心业务技改大修示范"课堂"（见图 8）。在保质保量完成工程的同时，坚持"理论实践相结合，共同提升不藏私"原则，以现场讲解（见图 9）、示范直播、干学结合（见图 10）的方式，锻炼变电核心业务柔性团队。

图 8　试验专家、省劳模洪卫华现场介绍检修匠心劳模工作室建设

图 9　试验专家、省劳模洪卫华向年轻人传授主变套管试验方法

图 10　变电检修班组人员安装主变套管

三 项目自主实施遇到的问题及解决措施

1. 学做结合解决人员技能问题。依托匠心检修劳模工作室，开展人员技能实训。针对一二次专业先后开展安装试验规程培训（见图 11）和二次安装调试培训（见图 12），夯实技改工程施工及验收工作质量。依托变电站检修现场，开展实战演练。利用春检及新站投运契机，见缝插针开展设备结构原理、检修要点、工艺要求和安全注意事项培训。

图 11　铜陵公司匠心劳模工作室定期组织开展"检修课堂"

图 12　铜陵公司匠心劳模工作室检修课堂帮助年轻员工快速提升检修技能水平

2. 强化激励提振生产人员士气。核心业务自主实施在人员队伍积极性方面存在诸多挑战。近些年，变电检修各专业青黄不接情况凸显、专业核心业务能力弱化问题严重。在激励机制未完全有效建立之前，员工工作积极性不高，铜陵公司高度重视核心业务自主实施配套支撑措施的制定（见图 13），推行"1＋7"配套支撑，即 1 项工作方案、7 项激励措施，从专项工资、安全考核、实操培训、人才培养、绩效考核、评先评优等方面激发一线员工主动提升核心技术技能水平，加快推进核心业务全覆盖。

图 13　铜陵公司印发核心业务自主实施专项激励工作方案

四　项目自主实施的亮点

1. 劳模带头示范引领青年成长

习近平总书记强调"必须大力弘扬劳模精神、发挥劳模作用"。劳模是可贵的财富，是把握专业工作的定海神针。电气试验班长洪卫华同志是全国五一劳动奖章获得者、安徽省劳动模范。公司成立了以洪卫华名字命名的劳模工作室，旨在实现匠心检修、专业技能的传承，促进年轻人在专业上快速成长。作为电气试验班的班长，洪卫华同志全程在工程现场指导、攻克专业技术难题，并身体力行地对年轻后辈进行传帮带。项目实施的全程由年轻人担任工作负责人、工作班成员，通过本次项目的实施，年轻人的专业知识、技能水平又上了一个新的台阶（见图14）。

图14　主变更换现场，作业人员对主变套管引线进行最后检查

2. 助力建设全业务核心班组

铜陵公司按照省公司全业务核心班组建设要求，总结并吸取了上半年春检工程项目实施过程中的经验教训，聚焦建成全业务核心班组目标，依托110kV谢垄变110kV♯1主变更换项目，深化核心业务自主实施。变电检修二班、电气试验班组织人员进行多轮现场勘察，逐一落实主变参数、施工电源、起重设备选择、施工车辆站位、主变运输路径等事项；梳理明确了项目质量、进度、安全管控流程；高标准编制了勘察记录、"三措一案"等相关作业文本；结合"五通"和"十八项反措"全方位、全过程把控安装质量。工程实施全过程利用"布控球机＋站内固定视频监控"实现各作业面远程监督全覆盖，严把工序质量关，确保工程实施的顺利完成。

3. "党建＋核心业务"展现党员风采

变电检修中心党支部从政治的高度和党性的视角开展一系列安全教育活动，组织支部党员学习习近平总书记关于做好电力保供、抓好安全生产、扎实稳住经济等系列重要讲话精神，并将讲话精神与批示指示与110kV谢垄变110kV♯1主变更换项目实施现状相融合。工程施工过程中，在现场划分党员示范区，确立党员示范岗，开展党员身边无违章创建，开展党员"亮身份，做表率"活动，发挥党员先锋模范作用（见图15）。

图 15　变电检修中心党支部在作业现场

4. 基于设备监造提高业务素养

铜陵公司基于谢垄主变监造安排，组织检修专业中坚力量，特别是班组的技术骨干参与设备车间监造工作，使得大家对平常看不见的设备制造原理和内部构造能有更加清晰的认识。在杭州钱江公司的高压试验大厅内，参与监造的员工全程参与设备各项基本参数的核验，见证了 110kV 变压器感应耐压局放试验、雷电冲击试验等关键试验项目（见图 16）。在把好技术监督关的同时，通过与厂家在主变压器制造工艺流程、技术参数、运行条件上的交流，极大地增强了专业人员对主设备的深入了解程度，使设备检修运维和故障定位分析能力得到了巨大提升。

图 16　技术骨干介入谢垄主变监造和验收

5. 创新技改大修核心业务自主实施工艺工法应用

铜陵公司结合谢垄变1号主变更换自主实施，积极与电科院、省公司基建专业专家沟通，寻求工艺、技术支撑，力求采用"传统＋创新"相结合的改造方式，通过工艺工法创新提高工程建设质量、降低电网及作业风险。在主变更换工程中创新应用C30－P6抗渗漏混凝土新工艺（见图17），防止变压器油排油至油池后造成对外界环境的污染。创新采用声纹在线检测装置判断主变前后运行工况（见图18），全方位确保主变安全运行。创新应用运检装备智能化库房（见图19），确保调试试验仪器环境优良，保障了主变更换前后试验数据的准确性。

图 17 事故油池采用 C30－P6 抗渗混凝土浇筑

工程名称：铜陵供电公司110kV
谢垄变1#主变更换工程

施工部位：事故油池采用C30-P6
抗渗混凝土浇筑

日　　期：2022年10月12日

图 18 声纹在线检测装置检测主变运行工况

图 19　运检装备智能化库房

国网安徽芜湖供电公司 220kV
繁盛 2D22 线♯49 塔修理

（芜湖公司）

一 项目基本情况

项目名称：国网安徽芜湖供电公司 220kV 繁盛 2D22 线♯49 塔修理。

项目内容：2021 年发现♯49（ZM12—24）杆塔中相挂点上方的塔材似乎有弯曲变形，经登杆检查发现问题：131 塔材发生内向弯曲变形，两边弯曲错位近 100mm，131 塔材全长 5560mm，弯曲度近 2%，形成弯曲形状。本工程计划拆除原♯49 塔，新立一基杆塔代替原杆塔。

开竣工时间：2022 年 10 月 26 日至 2022 年 10 月 29 日。

本次作业内容：新立 1 基杆塔取代原杆塔，原杆塔拆除，导地线提升至新杆塔上。

典型业务及等级划分：杆塔组立或更换业务，业务等级Ⅰ类。

实施单位：国网芜湖供电公司。

二 项目实施情况

（一）前期组织情况

1. 提前谋划，开展培训。为提高员工尤其是青年员工的理论和实操水平，中心向内深挖潜力，制订计划由技能水平高、经验丰富的技术员讲授基础理论知识，有检修任务时现场示范，分解检修步骤并讲解各种金具、工器具作用；向外主动探索学习，积极组织市县公司青年骨干参加实操技能培训，进行更换绝缘子、攀爬软梯（见图 1）、地线安装防震锤、新绝缘子检测（见图 2）等技能培训，使理论与实际相结合，快速提升员工技能水平。

图 1　攀爬软梯技能培训

图 2　绝缘子检查技能培训

2. 精心准备，做好安全保障。本次工作从现场勘查到工作方案编审，从杆塔拆装、大型车辆作业到现场安全措施布置，公司运检部、安监部和输电运检中心等部门反复研讨，明确现场施工、安全、质量、进度等各项职责分工，为现场工作安全层层"加锁"，确保现场安全可控。

3. 广泛动员，提升市县公司一体化水平。市县公司输电技术骨干、青年员工 30 余人积极参与，共同配合，为自主实施顺利开展奠定了基础。

（二）实施过程描述

现场立塔采用塔腿分根组装、塔身和塔头分段起吊的方式进行（见图 3），登塔前重点检查地脚螺栓、脚钉的紧固情况、缆风绳和锚钻的连接情况。塔材起吊吊点设置均衡，清除周围障碍物，杆塔吊装采用钢丝绳系挂的方式，钢丝绳系挂采用对称捆绑的方法，绑缠绕处用钢丝绳保护套等软物衬垫保护钢丝绳。控制绳控制塔材方向，塔材起吊至相应位置后用钢签迅速穿孔固定、然后紧固螺栓（见图 4）。拆塔时采用分段整体拆除方式，自上而下，按照塔头、塔身、塔腿的步骤分步拆除。起吊吊点设置好后，吊车吊钩稍稍向上提升，使吊点绳均处于受力状态。保持吊钩、吊点绳不动，拆除本塔段与下一塔段之间

图 3　新杆塔组建、关键受力点紧固

的包角钢，螺栓拆完后，起吊塔段使其脱离下段塔材，转动吊臂至塔材堆放区上方将塔段落至地面。

图 4　作业人员登塔开展杆塔安装工作

三　项目自主实施遇到的问题及解决措施

1. 现场地形复杂，给施工方案确定带来了困难。原塔位处在一个小村庄的边缘，小号侧左侧 10m 有一个二层楼的民宅，右侧 5m 有三栋一层的瓦房，大号侧紧邻一个水塘，距离杆塔都很近，如果使用传统内悬浮外拉线的方法，桩锚将无法布置。由于道路限制，大型的吊车无法进入现场，安排 25T 履带吊车到达现场勘查后发现，吊臂长度无法满足现场需求。通过反复论证，最终决定将入场道路加宽，安排 35T 履带吊车进行新塔的组立和旧塔的拆除。

2. 架空地线和中相导线影响吊装新塔塔头。整体吊装塔头时，由于两根架空地线之间的距离小于塔头井口之间距离，因此吊装时需先将塔头平行于架空线，在两架空线中间上方，往下吊至合适位置时再旋转与架空线垂直。但采用这种方式，中相导线会阻碍塔头的下降。最终决定先将中相导线降至旧塔井口处，腾出空间后再缓慢下吊塔头，通过这种方式顺利完成塔头吊装。

四 项目自主实施的亮点

1. 项目实施以青年员工为主体。提前谋划，组织市县公司输电专业 30 余人员共同参与，施工以青年员工为主体全程参与，包括前期现场勘察、方案编写、方案论证，施工期间地面塔材组装、杆上作业等，极大提升了青年员工的技能水平。同时通过有经验师傅们的"传帮带"，使输电人的技能和精神得以传承和发扬。

2. 项目的实施具有广泛代表性。该项工程涉及输电杆塔的组装、拆除，吊车类型的选取、位置的安放，以及复杂的地理环境等，施工工艺较为复杂，极具代表性。检修现场采用直播方式，向全省实时播放组立杆塔进程，为其他地市兄弟公司传授了现场检修经验，为全省范围内"技改大修自己干"作业实施打下良好基础。

国网安徽蚌埠供电公司 10kV 解青 41 线粮校等台区 10kV 变压器及 JP 柜改造

（蚌埠公司）

一 项目基本情况

项目名称：国网安徽蚌埠供电公司 10kV 解青 41 线粮校等台区 10kV 变压器及 JP 柜改造。

项目内容：10kV 解青 41 线淮河路粮校等台区 13 台柱变均属于 S7（含 S8）型、运行年限 18 年及以上 S9 型和 24 年及以上 S11（含 S10、S12）型油浸式配电变压器，不符合新版能效标准。根据《配电变压器能效提升行动实施方案》，将 10kV 解青 41 线淮河路邮票公司等 1 台 S9 - 200kVA、7 台 S9 - 315kVA、5 台 S9 - 400kVA 配变分别更换为符合新能效二级及以上标准的 400kVA 配变成套设备 1 套，更换变台 15m 水泥杆 2 基。共计更换为符合新能效二级及以上标准的 400kVA 配变成套设备 13 套，新增 15m 电杆 26 基。

开竣工时间：2022 年 1 月 25 日至 2022 年 8 月 18 日。

本次作业内容：本次自主实施对 10kV 西禹 07 线 10715♯ 配变型号 S9 - 315/10 的高耗能变压器 1 台不停电更换为 S20 - 400/10 型高能效变压器。

典型业务及等级划分：采用移动箱变车不停电更换 10kV 西禹 07 线 10715♯ 配电变压器，为配网 I 类核心业务。

实施单位：蚌埠供电公司。

二 项目实施情况

（一）前期组织情况

1. 精心准备，做好安全保障。针对本次不停地更换变压器"自己干"，涉及多班组协同作业，实施步骤多，现场配合多。公司安监部、供电服务指挥中心、城东服务中心等部门多次联合进行现场勘查，认真审核施工方案，细化作业流程，明确配合步骤，针对作业中的风险点，制定详细安全措施，不漏过一丝风险可能，确保"自己干"现场安全可控。

2. 积极探讨，确保技术支撑。本次工作是蚌埠公司首次采用移动箱变车不停电更换柱上变压器，作业中同时采用 10kV 和 0.4kV 两种不停电作业技术，同时需要进行箱变车和原变压器间的配合操作。为顺利完成本次工作，公司多次联系厂家，并得到电科院的技术指导，确保施工方案、作业工序切实可行，作业施工质量可控、在控。

3. 实战练兵，提升业务技能。本次作业让尽可能多的年轻大学生参与进去，寓教于学、寓教于练，在配电专家的传导下，将核心业务技能拾起来、传下去。通过技能培训，理论知识学习，实施流程研讨、方案制定，全面提升班组和员工配网运检核心业务能力水平，实现该配网四类综合不停电作业Ⅰ类核心业务自主实施。

（二）实施过程描述

本工于 2022 年 4 月 14 日实施，由带电作业班和配电运检班协同完成。

1. 布置安全措施。带电班提前勘查现场，绘制作业现场一次设备示意图（见图 1）按照施工方案，将绝缘斗臂车、移动箱变车停至工作地点最佳位置，并装设车体接地线；工作负责人完成现场交底后，布置现场安全措施后进行验电，确保无漏电；将带电作业范围内设备进行绝缘遮蔽、隔离，布置安全措施（见图 2）。

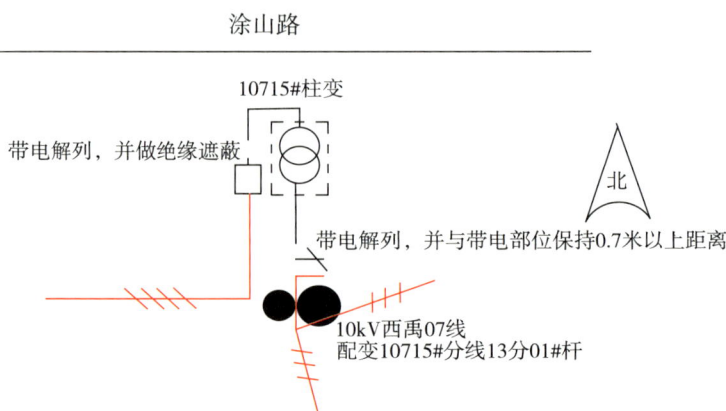

图 1　作业现场一次设备示意图

图 2　带电作业布置安全措施

2. 转移负荷。带电班将 10kV 旁路电缆接至移动箱变车,将低压架空线路接至移动箱变车低压输出端,合上箱变车高压侧、低压侧开关,完成负荷转移工作。

3. 更换柱上变压器。配电运检班履行许可手续后确认开工,完成旧变压器拆除;通过叉车将新变压器就位后固定,完成变压器更换工作(见图 3)。

图 3　更换柱上变压器作业现场

4. 恢复运行。带电作业班按照"原拆原搭"原则，依次恢复完成后撤除绝缘遮蔽措施。

三 项目自主实施遇到的问题及解决措施

(一) 存在问题

1. 本次不停电自主实施中采用的 0.4kV 技术，在安徽省内是首次开展、无章可循，需要进一步确保作业安全稳定运行。

2. 年轻骨干的技能实施能力还有待加强。团队中年轻骨干的配网不停电作业和配网运检核心业务实操能力还存在一定的欠缺，理论联系实际的过程需进一步加强。

(二) 解决措施

1. 精心组织，多次论证。详细准备新技术、新的作业施工方式。依据作业技术，多次与移动箱变车厂家联系，并得到省电科院指导，对作业技术流程、施工要点多次模拟论证，确保作业流程、作业技术、实施方案可行，安全可控。

2. 提前准备，强化培训。针对本次工程中所需要的核心业务能力，通过配电专家、技能大师，针对性地进行知识要点讲述，提升年轻骨干的理论水平。并通过技能模拟培训，使核心业务能力水平不断回流，年轻骨干技能水平不断提升，技能实操能力持续提升，顺利、安全完成了本次"自己干"。

四 项目自主实施的亮点

1. 发挥优势，打造标杆示范。本次不停电作业自主更换柱上变压器，同时采取 10kV 和 0.4kV 两种不停电技术方式开展，为核心Ⅰ类自主实施项目，并且该 0.4kV 不停电作业技术为安徽省内首次开展。作为 2022 年自主实施省内首次线上视频观摩项目，公司精心准备，结合推进核心班组、核心业务能力建设，跨专业成立自主实施团队，老师傅、大学生、专家能手 20 余人积极参与，共同配合，高效完成该项目实施落地。

2. 现场培训，助力核心业务实施。本次不停电作业自主更换柱上变压器，涉及配网不停电作业班组和配网运检班组核心业务，供电服务指挥中心及城东服务中心的 8 名年轻大学生参与本次现场实施。在实操中培训，不断提升业务能力水平，各位年轻成员在实施中成长，成员参加配网不停电作业竞赛获得团体一等奖和 10kV 个人项目三等奖的好成绩；同时不断完善核心班组，配电带电作业班及城东运检班组完成了核心班组创建。

3. 建立大型"自己干"协调机制，确保作业现场安全。本次不停电更换变压器"自己干"，涉及多班组协同作业，实施步骤多，现场配合多，风险预控点多，是一项"大工程"。对此公司安监部、运维检修部、供电服务指挥中心、城东服务中心等部门联合多次对方案、步骤、工作界面进行明确，制定了大型"自主实施"现场的工作协调机制、现场总指挥负责等方案，确保各流程安全实施，各工序质量可靠，为后续大型"自己干"作业实施打下基础。

国网安徽安庆供电公司 110kV
东河变等变电站 110kV 断路器改造

（国网望江县供电公司）

一 项目基本情况

项目名称：国网安徽安庆供电公司 110kV 东河变等变电站 110kV 断路器改造。

项目内容：110kV 东河变 110kV 母联♯400 等 6 台断路器（苏州阿尔斯通 FXT11 型）以及 110kV 古港变电站♯1 主变高压侧 401 断路器（河南平高电气股份有限公司生产 LW35－126W 型号）频发漏气缺陷，且机构密封圈老化、分合闸线圈绝缘下降、密度继电器无阀门，不满足国网十八项反措要求，故进行改造。

开竣工时间：2022 年 3 月 28 日至 2022 年 10 月 10 日。

本次作业内容：110kV 古港变电站♯1 主变高压侧 401 断路器更换、试验及调试。

典型业务及等级划分：断路器整体更换，I 类。

实施单位：国网望江县供电公司。

二 项目实施情况

（一）前期组织情况

2021 年以来，望江公司认真落实公司关于技改大修自主实施相关工作要求，深入推进技改大修自主实施工作。通过近一年来的深入推进，技改大修自己干取得了一定成效。

针对此次 110kV 古港变♯1 主变高压侧断路器改造项目，望江公司提前谋划、精心组织，先后多次现场观摩学习市公司变电检修中心大型作业现场，总结作业现场管控经验，同时先后开展班组级、县公司级及市县公司联合等多次多层面现场勘查，进行开关更换现场作业面分析（见图 1），不断商讨、修改、优化停电方案及检修方案，确保自主实施顺利开展；强化标准作业、落实现场风险管控措施，严格按照变电"五通"及 89 号文要求开展现场勘查（见图 2），落实作业方案编制审核流程，强化风险辨识，针对断路器更换作业风险防范措施及工艺管控措施逐项落实到位，提前开展 110kV 断路器交流耐压试验及机械特性试验等县公司经验欠缺试验项及气体回收等专项培训，补齐技能短板。

作业面1：110kV#1主变110kV侧401开关更换作业面

5. 本次使用吊车为25吨吊车，吊装作业现场情况如下图所示：

（1）#1主变110kV侧401开关更换吊车进站车辆行进路线：

　　1）将吊车驶入变电站主路上，将货车A倒入吊车正后方，吊下新开关至指定堆放位置。

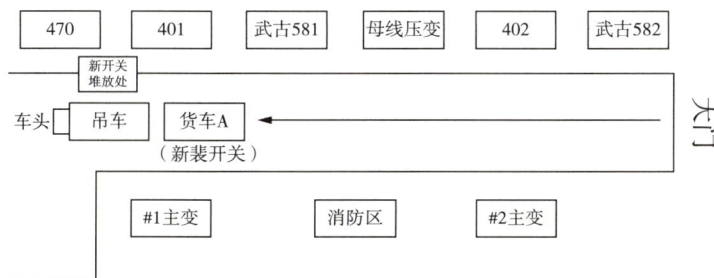

　　2）货车A驶离变电站，另一辆货车B驶入原货车A位置。

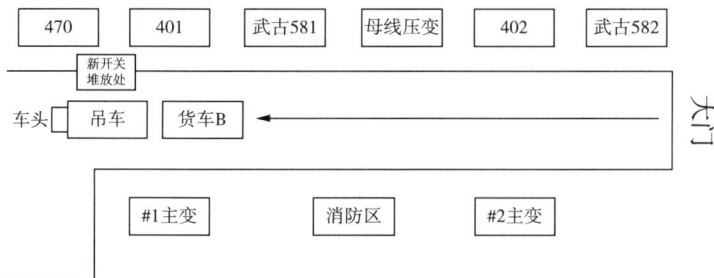

图 1　开关更换现场作业面分析

图 2　吊车工作位置现场勘查

（二）实施过程描述

1. 断路器拆除、安装就位。提前编制变电第一种工作票（见图 3），并在上午拆除开关一次引线及临时固定，拆除二次接线，气体回收及连接管拆除，分相起吊、拆除，底脚支架加工，旧开关运离现场；下午进行新设备进场，外观及附件检查，支架安装及底座安装，分相起吊安装，连接管安装，开关充气，静置24 小时。

图 3　变电第一种工作票

3. 断路器附件安装、试验。首先进行断路器一、二次线制作安装，附件安装（见图 4）；第二天开关机械特性试验、微水检测、漏气检查，保护联动试验，验收、现场清理（见图 5）。

图 4　110kV 断路器更换吊车拆除、安装

图 5　110kV 断路器安装后，二次设备检查及保护传动试验

三　项目自主实施遇到的问题及解决措施

（一）存在问题

试验专业经验不足。望江公司 2022 年首次承接 110kV 变电站，无 110kV 断路器更换工作经验，且在试验方面短板突出，未曾开展过断路器机械特性试验、SF6 微水测试、110kV 设备耐压试验。

（二）解决措施

望江公司提前邀请市公司具备丰富试验经验的专家开展针对此次工作试验项目专项培训，同时通过录像和复现操作的方式提升专业人员试验技能。

四　项目自主实施的亮点

1. 县公司 110kV 变电站运维检修技能技术水平显著提升。本次作业为安庆公司 110kV 变电站属地化移交以来，首次由县公司主导实施的覆盖一次、二次、试验等各专业的大型作业，对县公司既是锻炼、也是挑战、更是对属地化一年以来县公司变电专业技能技术水平及现场作业风险管控水平的验兵总结。

2. 市县一体，结合现场作业开展专项培训。本次作业现场勘查、方案编制及现场实施均由县公司主导，市公司运检部及变电检修中心负责审核把关，同时结合检修作业对其余县公司变电运检专业人员开展检修方案、作业文本、风险管控等环节专项培训，精准提升县公司变电专业作业现场安全管控水平。

国网安徽阜阳供电公司 220kV 邢郭 2762 线水泥杆改造

（阜阳公司）

一 项目基本情况

项目名称：国网安徽阜阳供电公司 220kV 邢郭 2762 线水泥杆改造。

项目内容：220kV 邢郭 2762 线起于 220kV 邢集变，止于 220kV 郭王变，邢郭 2762 线为原邢花线开断进郭王变后形成线路，原邢花线投运于 1998 年 7 月。由于线路水泥杆运行时间较长，部分门型杆杆件锈蚀损毁严重，存在安全风险。另外线路运行环境发生改变，♯26、♯27、♯32、♯34—♯36、♯40、♯44、♯45、♯47 由原来的农田变为现状的城市开发区，部分档内对地距离较小，对过往大型车辆存在安全隐患。因此对上述 9 基水泥杆塔升高改造急需实施。

开竣工时间：2022 年 1 月至 2022 年 6 月。

本次作业内容：国网安徽阜阳供电公司 220kV 邢郭 2762 线水泥杆改造♯27 塔自己组立。

典型业务及等级划分：杆塔组立或更换业务，业务等级Ⅰ类。

实施单位：阜阳供电公司。

二 项目实施情况

（一）前期组织情况

2022 年技改大修"自己干"工作启动以后，阜阳公司高度重视、高位推进，鼓励各专业、各单位依托项目，大胆创新、积极实践，探索建立"自己干、带着干、一起干"的作业机制。运检部精心准备、周密计划，指导各工区以技改大修自主实施为契机，结合核心业务示范班组建设，力争打造公司金牌核心业务示范班组，推动班组由"作业执行单元"向"价值创造单元"转变，提升人才队伍技能水平，进一步夯实高质量发展基础

为确保该项自主实施工作高质量完成，公司成立输电专业自主实施管理柔性团队（共7人），分工明确：主任抓总协调，2人追踪物资采购到货，2人协调现场民事，2人负责现场施工管理，建立220kV邢郭2762线水泥杆改造工程日计划管控机制，明确项目实施重点，并逐条落实专人，分析自主实施遇到的困难和深层次原因，逐点逐条解决。

1. 运检部组织安质部、输电运检中心、产业单位输电中心、监理单位及吊车司机开展现场勘查（见图1），严格落实"四个管住"、国网公司89号文作业风险过程管控等要求，认真编制勘查记录和作业方案。

3. 根据前期勘察，提前15天编制检修方案，运检部组织市输电专业人员进行方案审核讨论（见图2）。

3. 提前收集220kV邢郭2762线杆塔图纸原老旧杆塔和新组建杆塔的图纸（见图3），并组织设计单位、监理单位、自主实施团队多方进行图纸会审（见图4）。

图 1　勘查输电线路改造现场

图 2　召开检修方案审查会

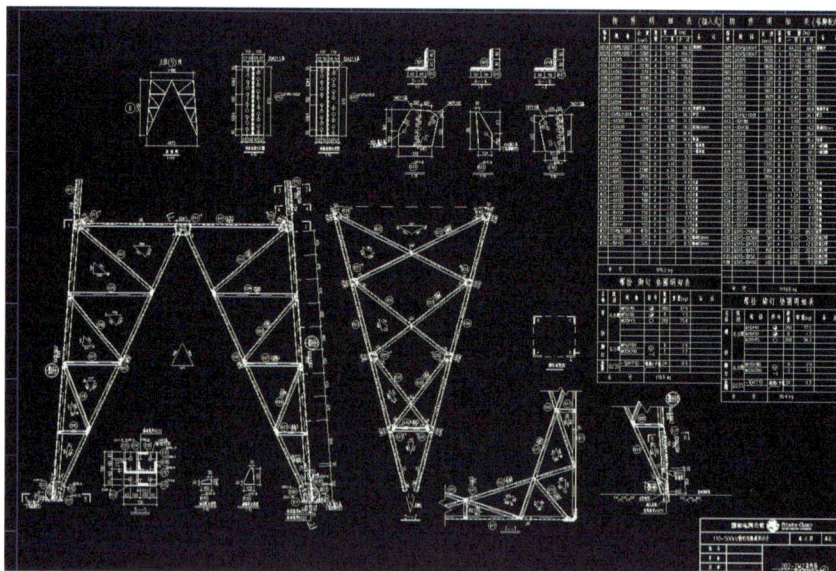

图 3   220kV 邢郭 2762 线杆塔图纸

图 4   组织项目管理团队开展图纸会审

4. 建立前期水泥杆三维模型。输电运检一班成员利用无人机采集 220kV 邢郭 2762 线♯27 塔水泥杆点云数据，建立杆塔及周边环境的三维模型（见图 5）。

图 5 采集输电杆塔点云数据，建立杆塔及周边环境的三维模型

5. 邢郭 2762 线看图分材号地面组装，6 月 8 日输电运检一班组织班组及县公司轮岗人员，开展邢郭 2762 线 27 号塔杆塔地面组装（见图 6）。

图 6 开展邢郭 2762 线 27 号塔杆塔地面组装工作

（二）实施过程描述

（实施过程描述要详细，并具有指导意义，作业票、三措一案等配图要
清晰。）

1. 地面组装。220kV 邢郭 2762 线 27 号塔全重 7.714t，由 403 块角钢和钢
板组成，呼高 30m，共分 7 段，分别为 10 段、11 段、1～5 段，根据♯27 杆塔
结构图，按照不同的段位分别拾捡塔材，紧固螺栓（见图 7）。

2. 杆塔组立。现场勘查及工作票：6 月 1 日输电运检中心副主任带队对
220kV 邢郭 2762 线水泥杆升高改造开展现场勘查，对现场作业条件、危险点、
保留带电部位、接地线悬挂分析。6 月 8 日运检一班组织填写 220kV 邢郭 2762
线♯27 塔组立工作票编制，组织中心专家团队对现场作业存在危险点、安全注
意事项进行分析，认真细致地编制作业工作票。

3. 吊车选型及坐落：220kV 邢郭 2762 线 27 号杆塔采用吊车组立，6 月 13
日上午 8 时，开展 220kV 邢郭 2762 线 27 号塔组立安全交底，27 号塔，杆塔呼
高 30m，全高 38.23m，根据现场作业条件和环境，吊车停放在原 220kV 邢郭
2762 线南侧，吊车车头向东，距离杆塔基础中心桩 12m，本次选用 55t 的吊车。
吊车支腿全伸、51.0m 主臂全伸，工作幅度为 12.0m 时，最大吊重 8.2t（含吊

图 7　对不同段位杆塔进行拼接、紧固螺丝

钩重量 635kg、吊索及其他吊装设备重量），最大起升高度 50.5m（含吊车平台自身高度）；采用 52.0m 主臂＋9.2m 副臂，主臂仰角 80°时，工作幅度为 10.6m，最大起升高度 60.2m（含吊车平台自身高度），最大吊重为 4.8t（含吊钩重量 635kg、吊索及其他吊装设备重量）；采用 51.0m 主臂＋16m 副臂，主臂仰角 80°时，工作幅度为 11.8m，最大起升高度 66.6m（含吊车平台自身高度），最大吊重为 3.0t（含吊钩重量 120kg、吊索及其他吊装设备重量）。

4. 分段起吊：首先起吊 10 段和 11 段，采用整体分片起吊，27 号塔采用分段分片起吊，塔材起吊吊点设置均衡，杆塔吊装采用钢丝绳系挂的方式，钢丝绳系挂采用对称捆绑的方法。选用两根相同长度的钢丝绳，对称缠绕杆塔两周，严禁直接用钢丝绳拴在塔身起吊，缠绕处必须用钢丝绳保护套或其他软物衬垫保护钢丝绳，钢丝绳的一端与卸扣穿销连接，另一端从卸扣穿出系挂于吊钩上。接着开始 27 号塔 11、10 段分片第一吊开始起吊，吊点设置在分片塔材上端部约 10m 处主斜材与主角钢处，11、10 段塔材重量 2.513t，单片塔材重量 1.256 吨，11 段塔身总高 7.5m，10 段塔材总高 6.926m，11 和 10 段整段分片起吊由两个人控制缆风绳，控制塔材方向，待一片塔材起吊完毕，地脚螺栓紧固后，缆风绳紧固在地钻上，然后起吊另外一片塔材，由两个人控制缆风绳，控制塔材方向，待起吊完毕，地脚螺栓紧固后，人员上塔将两片之间斜材连接紧固，地面人员开始打锚地脚螺栓，拆除缆风绳。

打锚结束后，准备起吊 27 号塔第 4、5 段，27 号塔 5 段高 7.53m，4 段高 5.763m，塔身重 1.634t，片吊重量 0.817t，4、5 段整段分片起吊，由两个人控制缆风绳，控制塔材方向，杆塔 4、5 段吊装采用钢丝绳系挂的方式，现在起吊的是四段、五段 1 片的 A 腿和 D 腿，吊点固定在 1 片塔材上端部约 10m 主斜材与主角钢连接处，对称缠绕杆塔两周。塔上作业人员与地面组装、吊车指挥人员相互配合，使其放置在对应位置，迅速穿孔固定，紧接着紧固 5 段与 10 段的螺栓，缆风绳固定在地钻上；待另一片起吊后，塔上人员紧固螺栓，缆风绳固定在地钻上，塔上人员逐步紧固两片塔材斜材，拆除缆风绳，准备起吊 3 段和 2 段。

由于原 27 号塔呼高是 21m，新建 27 号塔呼高 27m，如果把 3 段和 2 段整体吊，中相导线需要提升 8m 才能提升至 27 号杆塔内，此时导线张力过大，存在一定的安全风险，经过多次会上讨论，3 段和 2 段采用整段片吊，2 段塔材重 0.546t，3 段塔材重 1.311t，片吊重 0.928t，待一片曲臂塔材吊装好，螺栓紧固后，在原 27 号门型水泥杆横线路两侧打好临时拉线，确保两侧受力均衡。对原 27 号门型水泥杆两侧地线及边相导线采取二次保护措施，使用滑车固定在 27 号塔身上，要求不少于两点固定，紧接着开始中相导线的提升，作业人员爬至横梁处（见图 8），对两根水泥杆需要做软连保护，将横梁包钢拆除，使用电动机具将距离杆身 0.2m 处位置进行切割，将导线提出横梁后立刻恢复横梁包钢，再依次拆除和恢复拉杆螺栓、水泥杆平拉杆，将导线依次提出拉杆和平拉杆。最后将中相提升至横担处，导线必须加装软垫或者其他保护措施，为防止两侧曲臂受力不均变形倾斜，使用保护钢丝绳及手板紧线器，将杆塔曲臂进行内侧收紧，防止向两侧受力，对接 1 段横梁时，使用手板紧线器进行调节，最后抬入中相导线，起吊 27 号塔 1 段，合上杆塔大盖。

图 8　施工人员登杆作业，对组建杆塔做检查

三　项目自主实施遇到的问题及解决措施

（一）存在问题

立塔架线本为公司输电专业强项业务，但目前已多年未开展，主要原因是输电专业结构性缺员严重，且人员平均年龄偏大，老员工不懂数字化、新员工不精业务，导致老员工"不想干"、新员工"不会干"。

（二）解决措施

1. 针对不同类型项目出台多元、精准的个人成长、能力提升、安全考核和组织绩效等激励措施，引导一线班组从"不会干"变为"学着干"，从"不想干"变为"比着干"。

2. 组建"技术骨干＋青年骨干"的帮扶柔性团队，组织技能专家现场开展技术指导，保障工程质量的同时全面带动青年员工的施工工艺和技能水平，在施工中不断重拾检修能力，坚持干中学、学中干。

四 项目自主实施的亮点

该项目是安徽省内首次开展220kV线路杆塔组立自主实施，也是阜阳公司打造输电专业金牌示范班组取得的一次重大提升。

1. 智能化装置应用助力220kV立塔架线，输电Ⅰ类核心业务自主实施，施工作业前利用无人机开展激光雷达扫描和数字投影计划，精准开展现场勘查和测距。此次220kV立塔架在全省首次使用无人机开展旁站督查，并同步推流至安全生产管控平台，在地面利用球机安全督查，在空中利用无人机无死角旁站督查，使用无人机悬挂和拆除220kV邢郭2762线接地线，提升检修作业效率。

2. 在实施过程中，首次采用阜阳公司自主研发的机械自动推钻设备，特别是在迎峰度夏前电力保供时期开展自主实施，取得了良好的社会效果。

3. 下一步工作安排。阜阳公司将在"自己干、带着干、一起干"的作业模式下，继续创新，激发自主实施活力，培养核心技能人才，推动项目管理提质增效，强化输电专业Ⅰ类核心业务能力，智能化装置＋专业柔性团队，按照"自己干、一起干、带着干"的作业模式，促进多班组、多专业协同，提高输电专业运检队伍作业能力，培养核心业务"明白人"和"把关人"，发挥其在作业现场的关键作用和队伍建设的带动作用，确保班组核心业务"自己干""干得精"，常规业务和其他业务"干得了""管得住"。

国网安徽宣城广德供电公司 110kV 横山站 10kV 凤井 114 线建材市场 1 号公用变等 5 台箱式变压器改造

（宣城广德公司）

一 项目基本情况

项目名称：国网安徽宣城广德供电公司 110kV 横山站 10kV 凤井 114 线建材市场 1 号公用变等 5 台箱式变压器改造。

项目内容：10kV 凤井 114 线建材市场 1 号箱式公用变，10kV 广中 122 线春江华城 10、11 号箱式公用变，10kV 东风 118 线桃州南路箱式公用变，10kV 西关 124 线城区华东箱式公用变等 5 台箱式变压器存在使用年限过长、变压器绝缘老化、漏油，以及低电压等情况，为保障设备运行可靠、避免台区低电压情况发生，对上述 5 台箱变进行改造更换。

开竣工时间：2022 年 3 月 15 日至 2022 年 11 月 30 日。

本次作业内容：对 10kV 西关 124 线城区华东公用变更换及电缆接入。

等级划分：Ⅰ类。

实施单位：国网广德市供电公司运维检修部。

二 项目实施情况

（一）前期组织情况

为全力推动运检全业务核心班组建设，落实核心业务自主实施要求，有序推动生产技改大修"自己干"，培养真正懂安全、懂技术、懂管理的人才队伍，根据基层班组人员配置、作业水平、承载力等情况，紧紧围绕"以老带新""干中学，学中干"的人才培养模式，从运检基层班组遴选精兵强将，成立一支多专业融合的技改大修自主实施团队（见图1）。

图1　城区华东公用变更换自主实施班组

团队成立以来，稳步推进各项检修作业自主实施，保持日常运维、保电等工作正常运转，在检修实战中持续提升专业技能和安全管控水平，努力实现核心业务"自己干""干得精"。截至目前，自主实施团队共有职工21人，其中党员8人，团队成员中年龄最大54岁、最小25岁，平均年龄33岁。团队共有高级技师1名、技师13名，其余7名班员。

为有效调动基层员工检修自主实施的积极能动性，有力提高检修作业效率和质量，通过三个维度激发员工"自己干"的动能，一是建立核心业务自主实施工作动态评价机制，细化评价标准，量化自主实施进度、质量等工作成效，并纳入绩效考核；二是宣贯"多劳多得"分配机制，按照工作难度、数量、作业风险等级适当给予补助奖励；三是加大典型榜样树立力度，自主实施团队成员优先参与评选，增强荣誉感、成就感。

（二）实施过程描述

1. 严格执行省公司2022年生产技改大修"自己干"工作方案的要求，运检部牵头召集安监部、供电服务指挥中心等专业部门，联合开展现场勘查30余人次，结合现场勘查记录，制订详细工作方案和吊车作业方案。

2. 基于自主实施项目工作方案，运检部联合安监部、供电服务指挥中心等专业部门深层次、多维度反复研讨作业方案的各个细节，不断精细作业流程，提炼出关键工序，综合考量人身风险、工艺技术难度，对关键工序进行风险全面预测，制定针对性风险防范措施和工艺管控措施，确保安全作业、作业安全。

3. 项目实施阶段依托配电专业平台，组建"3＋2"的专业团队，分为制作和安装两个攻坚小组，两个小组分工明确、密切配合、有序作业，制作组负责低压侧电缆终端制作及接入，安装组负责高压侧冷缩三指套、应力锥及避雷器的安装。

三 项目自主实施遇到的问题及解决措施

（一）存在问题

华东公用变投运年限较长，其原高压进线电缆为直埋式敷设，且现场路面已经历多次施工，原电缆井已无法找出，现高压进线预留电缆也无法扯出，而华东公用变由美变更换为欧变，其高压进线电缆面临长度不足的窘境。

（二）解决措施

对新变压器整体尺寸及内部高压柜长、宽、高进行仔细测量，对新变压器高压柜底部电缆进线孔及变压器三相套管距离进行计算，结合现场电缆尺寸及绝缘肘头制作需预留的长度，制订相应施工方案。根据变压器整体尺寸和现场空间对变压器基础进行整定，依据现场测量数据和计算距离对欧变高压柜进行选择，确保按时保质保量地完成本次技改项目的自主实施。

四 项目自主实施的亮点

1. 一体化作业，锤炼基层员工专注、专业、专精力。

（1）项目储备：前期实地踏勘，掌握设备本体运行状况，精心谋划项目储备，组织工程评审研讨，全程参与技改大修项目申报流程，推动基层员工深入认识资产生命周期，贯彻精益化和资产生命周期管理理念，落实"以维代抢"责任，进一步提高员工专注力。

（2）计划上报：组织基层员工全过程参与从现场勘查、方案制订到作业流程、完成节点的每个作业细节进行多维度深层次地反复研讨，基于研讨结果编制工作方案，制定安全措施，精益作业流程，再上报作业计划，进一步提高员工专业力（见图2）。

图 2　施工方案研讨会

（3）现场实施：基层员工亲身参与并自主完成从绑定球机、安措落实、许可交底到安全管控、分工作业、设备投运的一体化作业全流程，加速培养一线员工成为作业现场明白人，进一步提高员工专精力。

2．高效协同，助力检修提质增效。公司依托配电专业平台，从基层班组抽调精兵强将组建"3＋2"的专业团队，3名经验丰富的老员工主导，2名近两年入职的新员工辅助，以老带新组建制作和安装两个攻坚小组。制作组负责低压侧电缆终端制作及接入（见图3），安装组负责高压侧冷缩三指套、应力锥及避雷器的安装。工作负责人全程把关、指导，两个小组合理分工、紧密配合，逐一击破作业难点、痛点，提前顺利完成检修工作。

图 3　电缆终端制作

　　3. 齿轮效应，"传帮带"促成长。结合 10kV 西关 124 线城区华东公用变更换的自主实施，由技术精湛的"老将"现场"零距离"教学指导，新进青年员工在实战中学习成长，理论和实践完美对接，加快完成专业技能的复制转移。持续推进技改大修项目自主实施，积极发挥"传帮带"作用，以核心业务"自己干"唤醒专业人才技能，抓好专业人才培养，带动运检核心技能型班组建设，实现生产队伍整体素质稳步上升。公司在 2022 年宣城公司技改大修自主实施观摩评比中获"一等奖"（见图4），以配电运检班为宣传窗口，向输、变、配三个专业展示出核心业务"自己干"的能力和魄力，对基层班组员工鼓舞士气，进一步提高"自己干"的激情和热情。

图 4 宣城公司技改大修自主实施观摩评比"一等奖"

4. 线上直播，拓新人才培养模式。结合 10kV 西关 124 线城区华东公用变更换现场，公司以此次技改大修"自己干"为契机，利用直播平台开展线上技能培训公开课（见图5），拓新人才培养新模式。直播过程中，通过对变压器更换、电缆终端制作、验收过程的一一演示解说，以"理论＋实操"的形式向所有观众普及检修作业工艺流程。1000 余人次参与线上公开课学习交流，形成良好的互动模式，打造出"学用结合"的教学模式。

图 5　城区华东公用变更换现场直播

国网安徽淮南供电公司 220kV 万岗变电站 220kV♯1、♯2 主变 10kV 套管大修

（淮南供电公司）

一 项目基本情况

项目名称：国网安徽淮南供电公司 220kV 万岗变电站 220kV♯1、♯2 主变 10kV 套管大修。

项目内容：220kV 万岗变电站 220kV♯1、♯2 主变的 10kV 套管更换。该主变套管的同类型产品出现内部放电等缺陷，预计通过示范项目的开展，进一步提升主业人员核心业务自主检修的能力，助力运检全业务核心班组建设，同时对于提升 220kV 万岗变主变设备本质安全具有显著的意义。

开竣工时间：2022 年 5 月 19 日至 2022 年 8 月 22 日。

本次作业内容：更换 220kV 万岗变电站 220kV♯1、♯2 主变的 10kV 套管，并结合主变停电同步开展 220kV 高压侧套管、高中压侧中性点套管反措治理自主实施。

典型业务及等级划分：该项目自主实施典型业务为油浸式变压器（电抗器）本体及附件检修，业务等级为Ⅰ类。

实施单位：淮南供电公司变电检修中心（变电二次检修中心）。

二 项目实施情况

（一）前期组织情况

淮南公司 2022 年初组织各中心成立了 2022 年技改大修业主项目部与 2022

年技改大修项目管理团队，变电检修中心积极响应，成立团队人员包括中心项目总负责人和分专业负责人，并在文件中明确了各负责人的分工职责以及当年工作任务。另外变电检修中心结合运检全业务核心班组建设要求，在年初开展了新一轮班组长选聘工作，选拔业绩突出、责任心强的青年骨干担任班组长。变电检修中心内部 35 周岁以下班组长占比达到 77%，形成一支充满活力与激情的班组长队伍，为自主实施在项目管理与现场实施方面都提供了强有力的组织保障。

变电检修中心还启动了运检全业务核心班组建设，召开了推进会，对技改大修工程自主实施的背景、目的、意义进行了再阐述，组织动员中心职工尤其是党员同志、入党积极分子和青年骨干积极参与到技改大修"自己干"工作中。打破班组和专业分工，组建了涵盖检修、试验、保护和自动化等专业的示范项目自主实施柔性团队，为顺利推进自主实施提供了技术保障。2022 年，技改大修自主实施项目实行项目负责人制和工作积分制，并将"自己干"成效应用于绩效考核、班组长晋升、年度评先评优等。

（二）实施过程描述

1. 实施保障阶段

为保障自主实施项目安全有效开展，变电检修中心安排班组骨干多次到 220kV 万岗变进行现场勘查，编写"三措一案"；并组织自主实施团队各专业骨干对三措一案中的具体实施方案、安全管控措施等一一反复推敲，对吊车、货车、高空车等特殊车辆行进路线和操作半径重点推演、突出标识，不放过任何一个细节（见图 1）。青年班组长尹雷全程担任工作负责人，从现场勘察到方案编制，从安装调试到设备验收，深度参与到工程的每个环节，实事求是、精益求精。中心管理人员积极与公司党建部、安监部、运检部、变电运维中心、调控中心沟通合作，多部门多角度联合推进各项准备工作，真正做到了对本项目每个环节的精准把控，整体施工进度安全可控，保质保量完成工作任务。

2. 正式实施阶段

淮南公司今年深入推进"党建＋安全"活动及全业务核心班组建设，变电检修中心以此为契机，将该项目的实施现场作为典型"党建＋安全"活动实践现场之一（见图 2），充分发挥党员同志在示范项目中的模范带头作用。该项目由变电检修中心青年骨干担任现场工作负责人，由试验班新转岗员工、2021 年新入职青年员工全程参与套管更换工作，变压器专业带头人现场开展教学培训（见图 3），通过"自己干"现场实践活动，提升青年员工技能水平。

附图1 吊车、高空车、货车进场路线图

高空作业车路径及布置图

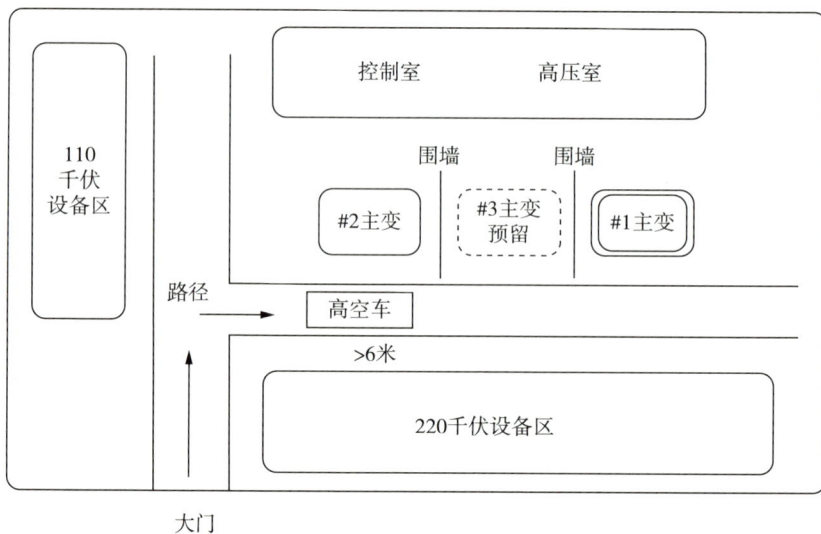

吊车、货车路径、布置及物料工器具摆放区

现场勘察记录

1.勘察单位 变电检修中心 部门（班组） 变电一次检修二班 编 号 2022042002

2.勘察负责人： 张东胜 勘察人员： 王进军 柳法诚 杜和军

3.勘察设备的双重名称： 220kV 万岗变 220kV♯2 主变

4.工作任务（工作地点及工作内容） 220kV 万岗变♯2 主变区：220kV 万岗变♯2 主变套管更换及主变本体试验，主变常规检查维护

5.现场勘察内容

一、需要停电的范围：
220kV 万岗变♯2 主变

二、保留或临近的带电部位（含感应电）：
220kV、110kV 设备区带电，♯1 主变带电

三、作业现场的条件、环境及其他危险点：
危险点：触电（人身及特种作业车、高压试验）、高空坠落、物体打击、吊车作业

四、应采取的安全措施：
1、作业人员进入现场应注意警示牌，与 220kV 带电设备保持 3.0 米以上的安全距离，与 110kV 带电设备保持 1.5 米以上的安全距离，与 10kV 带电设备保持 0.7 米以上的安全距离，防止误入带电间隔。 吊车货车及高空作业车应与 220kV 带电设备保持 6 米以上安全距离，与 110kV 带电设备保持 5 米以上安全距离，与 10kV 带电设备保持 3 米以上安全距离。规范使用电动工器具。 2、高压试验区必须装设遮拦或围栏，并向外挂"止步，高压危险"标示牌，周围应设专人监护，严禁无关人员在试验区域逗留。试验过程中，被试设备应可靠接地，试验人员应站在绝缘垫上，戴绝缘手套。试验加压过程中应设专人监护并呼唱，监护人传达口令应清晰准确，操作人员应复述应答，对口令理解不清晰时，应立即询问清楚后方可继续操作。高压试验，变更接线或试验结束时，应首先断开试验电源、放电，并将升压设备的高压部分放电、短路接地。 3、登高规范使用安全带。使用主变本体爬梯上下。 4、作业人员正确佩戴安全帽，起吊时作业人员不得在吊臂及重物下停留、通过，防止伤人。设备拆除严禁上下抛掷工具物料，应用绳索拴牢传递。 5、对吊车司机专门安全交底，吊车按照既定的路线行驶，（只可在指定场地作业，不得行驶进入设备区域）使用合格的吊具进行吊装，吊车可靠接地并置于坚实地面，起吊前进行试吊，统一信号，专人指挥，加强监护。

图 1 现场勘查记录和特殊车辆行进路线

图 2 "党建＋安全"活动实践现场开展施工方案交底

图 3 施工现场全程讲解，开展现场培训

二 项目自主实施遇到的问题及解决措施

1. 人员技能不足，尤其是年轻骨干的技能与熟练程度还有待加强

解决措施：首先依托变电检修实训室，开展人员技能实训，着力助力员工补齐短板、夯实基础。针对一二次专业先后开展安装试验规程培训和二次安装调试培训，夯实技改工程施工及验收工作质量。依托变电站检修现场，开展实战演练，提高青年员工动手能力。利用春检及新站投运契机，见缝插针开展设备结构原理、检修要点、工艺要求和安全注意事项培训。

2. 检修工器具不全，部分工器具损坏老旧无法满足现场安全实施要求

解决措施：中心梳理自主实施所需要的工器具，不满足现场安全要求的通过专项成本和技改准备费等途径予以补充。目前已完成压接机、断线钳、电动工器具等补充完善工作。

四 项目自主实施的亮点

该示范项目本着"能自主实施就自主实施"的原则，坚持以党建引领、强化协同、着眼全局、注入活力和技术传承为抓手，"五力齐发"贯彻落实技改大修"自己干"，干出活力，干出风采。

1. 党建引领，凝聚自主实施的向心力

变电检修中心党支部与技改大修业主项目部共同推进"党建＋安全"与自主实施项目深入融合，充分发挥党员模范带头作用，发动各专业党员同志、入党积极分子和青年骨干积极参与其中，组建涵盖检修、试验、保护和自动化等专业的示范项目自主实施柔性团队，作为自主实施的主干力量推动示范项目顺利开展。

2. 强化协同，聚合方案落实的牵引力

变电检修中心与公司党建部、安监部、运检部、变电运维中心、调控中心深度合作，多角度细化自主实施过程中出现的问题与解决方案。同时与施工单位力达电气安装公司密切配合，在核心业务均由自有人员开展的前提下，完善落实设备运输、起吊方案中大型机械的进场与操作相关要求，实现多部门联合一体共同促进施工方案稳步落实。

3. 着眼全局，形成现场安全的把控力

本项目实施前变电检修中心组织各专业骨干人员对现场安全措施进行讨论修改，多维度考虑实施风险，对每一处细节都仔细打磨，对每一天的作业风险都精准定级，安全措施方案经过班组、中心、运检部层层把关，找到每一个问题的管控着力点，工作负责人从现场勘查到方案编制审核，全程参与安全管控的各个环节，确保整体施工进度安全可控。

4. 注入活力，提升核心业务的执行力

变电检修中心十分注重全业务核心班组建设过程当中青年员工的发展，通过

班组长选聘，选拔出一批业绩突出、责任心强的青年骨干担任班组长，为中心检修队伍注入了新的激情与活力。在示范项目实施过程中安排青年骨干担任现场工作负责人，新转岗员工与新入职青年员工全程参与套管更换，同时出台"多劳多得"的正向激励绩效考核制度，让员工更加有动力，提升核心业务执行力。

5. 技术传承，接续修必修好的续航力

淮南公司拥有历史悠久的检修传统，秉承"逢停必修，修必修好"的原则，将检修技术与精神代代相传。变电检修中心结合技改大修自己干的每一个实施现场，安排专业带头人现场开展教学培训，同时依托变电检修实训室，开展人员技能实训，营造青年骨干在"学中干、干中学"的良好氛围，加速培养变电检修"专科医生"队伍的新生力量，将老一辈朴实无华的检修技术传承下来，为新一代修必修好的检修精神充电续航。

国网安徽淮北供电公司 110kV
文海 772 线隐患治理

（淮北公司）

一 项目基本情况

项目名称：国网安徽淮北供电公司 110kV 文海 772 线隐患治理。

项目内容：配合 110kV 海孜变电站间隔接线改造，对原 110kV 文海 772 线、显刘白海 711 线两路进线进行调整，确保 110kV 海孜变在分列运行方式下能够发挥双路电源作用，提升煤矿重要用户供电可靠性。

开竣工时间：2022 年 9 月 3 日至 2022 年 9 月 6 日。

本次作业内容：拆除 110kV 文海 772 线 26♯—27♯导线、110kV 显刘白海 711 线 144♯—146♯导、地线，架设 110kV 文海 772 线 26♯至 110kV 显刘白海 711 线 146♯导、地线，线路绝缘子、金具及其他附件安装等。

典型业务及等级划分：按照国网设备部《关于印发电网生产技改大修项目自主实施认定原则及业务分类清单的通知》（设备计划〔2022〕86 号），该项目覆盖三类核心业务，包括导线架设、地线架设两类Ⅰ类业务；绝缘子安装或更换、金具安装或更换两类Ⅱ类业务；防鸟装置、在线监测装置安装、接地维修等Ⅲ类业务。

实施单位：淮北供电公司。

二 项目实施情况

（一）前期组织情况

1. 组建项目团队。淮北公司以高站位、高要求积极筹备推进该自主实施项目，按照《国网安徽省电力有限公司设备部关于印发 2022 年生产技改大修"自己干"工作方案的通知》（设备工作〔2022〕26 号）要求，提前组建由技能大师张涛领衔、输电专业专家人才以及市县输电专业青年员工组成自主实施团队，明确人员职责分工。

2. 做实前期准备。根据年度重点工作要求倒排计划，根据项目初设方案，进一步组织班组人员开展现场勘查，根据现场实际情况编制施工方案，细化停电计划安排和人员选派，深度挖掘自主实施人才培养效用。提前介入民事协调和交跨陪停安排，确保进场施工顺利。提前将施工所需工器具、机械进行检查维保，协调吊车、绞磨等机械和操作人员，提前审查人员资质和准入情况，确保现场施工万无一失。

（二）实施过程描述

9 月 3 日，淮北公司输电运检中心利用"移动可视化监测球机＋无人机"立体拍摄开展文海 772 线隐患治理大修工程线上直播，供省内兄弟单位观摩指导。在工作负责人安全交底、工作班成员签字确认后，各小组按部就班开展作业。

先在 110kV 文海 772 线 26♯大号侧做好反向拉线，同时在 26♯－27♯低压线线侧水泥路上布置好吊车，做好松线前的准备。然后在 110kV 文海 772 线 26♯塔布置机械绞磨及锚桩采用机械绞磨逐相松线、收线工作。在变电站内采用滑车松线的方式，拆除 110kV 文海 27♯—110kV 海孜变电站构架导线（见图 1）。

2. 拆除 110kV 显刘白海 711 线 145♯悬垂线夹，在绝缘子下侧挂好滑车，并将导线放在滑车内。在 110kV 显刘白海 711 线 144♯大号侧做好反向拉线，同时在 145♯—146♯低压线线侧水泥路上布置好吊车，做好松线前的准备。在 110kV 显刘白海 711 线 144♯塔布置机械绞磨及锚桩采用机械绞磨逐相松线、收线工作。将导线线盘放在 110kV 文海 772 线 26♯塔附近，同时在 26♯－27♯低压线线侧水泥路上布置好吊车，做好放线前的准备。逐相放线，先放导线再放地线，导地线放完后，在 110kV 显刘白海 711 线 146♯塔挂线，在 110kV 文海 772 线 26♯塔紧线，最后连接跳线（见图 2）。

3. 组织验收消缺，对施工段的新架设导地线进行验收，查出缺陷并记录，并逐条进行消缺。

由于该项目现场勘查到位，前期民事协调、方案编审批、人员准入、机械安排等准备工作充分，2022 年 9 月 22 日按计划顺利竣工，并由运检部组织自主实施项目管理团队人员开展验收（见图 3），工程安全、进度、质量均得到良好保障。

图 1 施工人员上塔作业

图 2 对导线连接处进行地面压接

图 3   110kV 文海 772 线路改造现场参与人员合影

三 项目自主实施遇到的问题及解决措施

(一) 存在问题

施工段导地线跨一回 380V 低压线路,拆、放导线需要协调低压用户停电且采取措施避免碰触低压导线造成磨损。

(二) 解决措施

提前联系属地供电所共同勘查现场,与线下低压线后端单户养殖场进行协调,在施工过程停电,使用发电机保障养殖场供电不间断。在交跨点使用吊车吊钩安装滑车提拉导地线,与线下低压线路保持一定距离,避免碰触造成的损伤。

四 项目自主实施的亮点

该项目虽然规模不大，但是内容涵盖输电导线、地线、绝缘子、金具及附属设施安装及拆除，全面覆盖Ⅰ、Ⅱ、Ⅲ三类核心自主实施业务，是一次较为全面的实战机会。

该项目的实施对人员专业技能水平、工作组织能力要求较高，在输电专业多年未自行开展导、地线拆除、展放等复杂作业情况下，淮北公司积极谋划，依托张涛创新工作室平台，组建包括张涛、姚如斌、刘敦立等技能大师、专家人才以及市县公司输电专业青年员工的自主实施团队，以增强专业人员技能水平为目标，充分发挥"传帮带"效用。在正式开工前按照方案分工多次组织团队在实操场地进行模拟作业，师傅徒弟齐上阵，在实操培训中提升技能水平、培养协作默契，确保所有人员自信满满"上战场"，圆满完成现场实施，在自主实施阵地全面锻炼提升输电专业人员综合素质。

通过此次大型检修现场，淮北公司落实技改大修"自己干"核心业务自主实施，为提升核心班组建设成效以及实现生产技改大修业务自主实施全覆盖打牢基础，也为 110kV 海孜变电站供电的煤矿用户提高了供电可靠保障。

国网安徽滁州供电公司 220kV
天长变等变电站主变压器有载开关修理

（滁州公司）

一 项目基本情况

项目名称：国网安徽滁州供电公司 220kV 天长变等变电站主变压器有载开关修理。

项目内容：对 220kV 天长变♯2 主变、定远变♯1 主变、滁县变♯2 主变、护桥变♯1 主变共 4 台自耦主变有载分接开关进行维护，吊芯检查处理；220kV 黄栗树变♯2 主变、贺庄变♯1 主变共 2 台三绕组主变有载分接开关进行维护，吊芯检查处理。共 6 台主变大修。

开竣工时间：2022 年 5 月 30 日至 2022 年 11 月 8 日。

本次作业内容：220kV 黄栗树变♯2 主变有载分接开关进行维护，吊芯检查处理。

典型业务及等级划分：变电—油浸式变压器或电抗器—油浸式本体及附件检修，Ⅰ类。

实施单位：滁州供电公司。

二 项目实施情况

（一）前期组织情况

1. 管理团队建设

严格执行省公司电网生产技改大修项目管理工作细则要求，加强电网生产技改大修项目管理，强化项目外包管控，推进项目自主实施，运检部充分利用各中心班组人员力量成立业主项目部及项目自主实施管理团队并发文，进一步明确运检部、各专业中心、班组层面项目实施管理人员职责，市县公司成立 7 支业主项目部、7 支项目自主实施管理团队，通过业主项目部及项目自主实施管理团队，强化项目采购、合同签订、现场勘查、方案制定、"三措一案"编审、现场到岗到位、竣工验收、结算编审、审计入账、转资关闭等全过程管控，运检部每月组织召开项目推进会，统一督促项目实施并协调相关问题，进一步提升技改大修项目管理精益化水平。形成 2 项工作通知，运检工作〔2022〕1 号《国网滁州供电公司关于成立 2022 年度技改大修项目、配电网工程业主项目部和自主实施项目管理团队的通知》，电人资工作〔2021〕40 号《国网滁州供电公司关于印发柔性团队建设管理实施方案的通知》，进一步规范相关工作。技改大修自主实施顺利开展过程中形成了专家、班组长牵头的专业柔性团队，员工技能水平得到了显著提升，激发了运检专业的技术、管理、人才优势，降低了项目外包的费用。既结合现场实施对青年员工开展现场技能培训，又通过方案优化、合理安排班组人员，有效缩短了工期和设备停电时间，项目内容也保质保量完成。自主实施达到了内增本领、外增效益的效果。

2. 配套保障措施

建立激励保障机制，注重实际成效。坚持物质激励和精神激励相结合，综合运用多种激励手段，全要素发力，打好激励"组合拳"，让基层单位"主动干"，让一线员工"积极干"。根据技改大修业务的技术层级、实施进度和工作质量，实施差异化激励政策，

优化激励兑现流程，发挥好激励的"指挥棒"和"风向标"作用，聚焦核心技术技能。根据项目参与角色、素质能力、业绩贡献等因素，精确度量个人贡献，精准兑现激励方案。2022 年运检部牵头统计竣工、结算的自主实施项目，并对接人资部，逐个项目及时激励金额。联合人资部下发《2022 年度技改大修自主实施奖励分配的通知》，奖励包括专项激励工资和柔性团队激励两部分。最后由基层工区精准分配，按项目、按工作票、按贡献度，激励精准到人、精确到事。

（二）实施过程描述

1. 分管领导带队，组织运检部、变电检修中心、变电运维中心人员及吊车司机等现场勘查（见图 1）、制订周密检修计划。

2. 根据前期勘察，编制检修方案，明确停电范围、检修任务、工作现场周

图 1　开展现场勘查、制定检修计划

围带电部位、吊车摆放及行进路线等，运检部组织方案审查，并形成整改意见，变电检修中心及时落实整改，完成方案审批流程（见图 2）。

国网滁州供电公司运维检修部检修方案审核会议纪要

2022 年 4 月 25 日下午，运检部在公司调度大楼二楼会议室召开检修方案审核会，运检部、变电检修中心、东源公司等单位相关人员参加会议，会议由运检部陆荣建副主任主持。会议就"黄栗树变 2 号主变及三侧间隔设备检查、停电试验、保护全检、2 号主变有载开关修理、龙门架鸟窝消缺"检修方案进行审核，方案审查发现问题如下：

1、方案中，危险点及控制措施不直观，应以表格形式罗列；

2、试验内容体现全面，需补全停电试验具体内容及相应危险点、控制措施；

3、吊装方案中，吊车摆臂半径未进行标注，距离相邻带电体距离未标明。

针对上述问题，请变电检修中心落实整改。

参会单位、人员：

运检部：陆荣建、练建安

变电检修中心：王雷兵、骆小军、孙学军、李赟、刘素伟

输电运检中心：石瑞

东源公司：黄登军

国网滁州供电公司运维检修部
2022 年 4 月 25 日

中型检修方案

220kV 黄栗树 2 号主变及三侧间隔设备检查、停电试验、保护全检，2 号主变有载开关修理、2 号主变龙门架鸟窝消缺检修方案

批准：陆荣建

审核：王雷兵

编写：李赟

二〇二二年四月廿五日
国网滁州供电公司

图 2　编制检修方案，组织审查会

3. 加强宣传，充分发挥示范项目的引领作用，打造精品标杆施工现场（见图 3）。

图 3　项目实施宣传展板

3. 按照标准化工艺流程，严格按方案开展作业，合理布置作业、摆放、起吊等区域，全程有条不紊、干净整洁（见图 4）。

图 4　主变吊芯现场开展相关试验

5. 现场安全管控落到实处，安全交底内容翔实、面面俱到（见图 5）。公司领导、运检部、变电检修中心等到场监督指导，严把现场安全质量关。

图 5　现场开工前，进行安全培训和施工方案交底

6. 开展变电核心业务技改大修示范"课堂"，在保质保量完成工程的同时，坚持"理论实践相结合，共同提升不藏私"原则，以现场讲解、示范直播、干学结合的方式，锻炼变电核心业务柔性团队（见图 6）。

图 6　核心业务柔性团队开展现场教学和讲解

三 项目自主实施遇到的问题及解决措施

（一）存在问题

2021 年滁州公司在激励兑现环节，存在外包单位施工费超估算、自主实施人工费计算不精确等问题，导致激励兑现的金额一再修改、反复核实，既增加了工作量，也耽误激励奖金的及时兑现。

（二）解决措施

审计联动，规范激励兑现有据可依。在充分总结了 2021 年的工作经验基础上，运检部会同财务部、审计部规范过程资料，对自主实施项目由各中心和施工单位分别提供工程量签证单、现场照片、试验报告、结算书等佐证材料，报送外部审计单位，出具审计报告，并在最终的审计报告中明确注明自主实施团队的施工费、人工费，外包单位的施工费、人工费，为下一步激励金额的计算提供书面依据，为今后的巡查审计提供坚实支撑。

四 项目自主实施的亮点

1. 开展自主实施视频观摩和检修技能线上培训

滁州公司运检部组织变电检修中心、6 家县公司在 220kV 黄栗树变开展主变压器有载开关大修自主实施技能培训，采取"现场＋腾讯会议线上直播"的方式，通过"专家讲理论、现场将操作"的模式，将"自己实施"与"技能培养"紧密结合，主要培训了主变压器有载开关大修、调试等流程及注意事项（见图7），组织一次专业技能专家当面授课，充分发挥项目自主实施管理团队优势，通过管理模式变革提高现场工作效率，促进多班组、跨专业协同，加强专业引领，培养青年人才，提高市县公司自主实施作业班组核心业务技能，提升公司整体运维检修水平。自主实施技能培训采取理论与实操、原理与图解相结合的方式开展，下一步，将继续牵头组织做好专业技能培训、竞赛，协同推进市县公司专业技术水平提升。

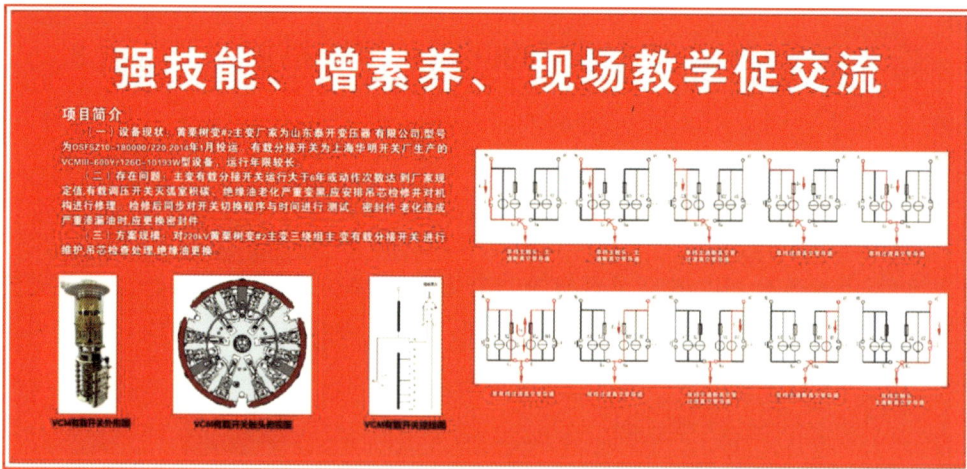

图 7　主变压器有载开关原理图

2. 创新基建工程"自己干"

7 月 19 日，滁州市县公司共选派人员在 220kV 鲁肃变试点开展为期 2 个月基建工程"自己干"。正式开工前，工作负责人详细地交代了整体施工流程、现场危险点和人员分工，学员们仔细聆听，做好笔记。在现场技术人员的监督指导下，青年员工亲自上手、主动参与。现场学习氛围十分浓厚，特别是对电容电抗器的搭配选型和闸刀分、合闸调节到位的方法，大家展开了激烈的讨论和研究。历时五天，6 组电容器间隔设备安装调试顺利完成。通过此次培训，从理论到实践，从安装到调试，重难点逐一击破，从而让大家对电容器间隔内设备原理、整体安装工艺流程有了更直观、更全面、更深入的了解和掌握，提升了例行检修、事故处理、缺陷消除等方面的综合技能，助力青年人才快速成长。后续将持续深入开展基建工程自主实施，不断丰富、拓展青年员工专业知识和实操水平，打造技术精湛的专家人才队伍。

3. 落实市县一体化，推动县公司开展"自己干"

2022 年 3 月，滁州公司组织各县公司召开技改大修自己干实施方案研讨会，会上各县公司踊跃发言，对"自己干"工作实施的选择范围、队伍创建、实施方式、保障措施等方面提出合理化建议，积极申报示范项目，率先试点实施"自己干"。7 月，各县公司提请追加"自己干"项目，实现Ⅰ类、Ⅱ类、Ⅲ类自主实施全面覆盖。运检部时刻关注各县公司自主实施工作推进，根据动态反馈情况，深入定远公司 110kV 炉桥变 2 号主变更换、明光公司 35kV 三界变电站 10kV 电容器改造、天长公司 35kV 安乐变 35kV♯1 主变 301 等断路器改造现场进度，了解自主实施工作开展情况，挖掘自主实施推进阶段工作的典型经验和亮点，不断总结重点，提出针对性方案和实施举措，推进自主实施实战化，在实践中提升技能素养、履责能力和实操能力。运检部将认真研究已实施项目形成的管理经验，推广到自主实施占比不高的专业及县公司中去。继续做好宣贯落实工作，加强对薄弱领域、县公司的指导与帮助，不断加强市县一体化、运检一体化，推动技改大修自主实施助力公司提质增效。

4. 注重总结提炼，加强经验推广

总结项目实施管理经验，出版《生产技改大修项目管理题库》等 2 本书籍（见图 8）。帮助相关人员掌握生产技改大修相关规章、流程，提升对电网改造维修的理解和落实，更好地因地制宜加强电网设备隐患治理、反措落实和老旧设备改造，切实提升电网设备本质安全水平；更好地开展电网设备智能化信息化、互动化改造，提高设备运维管控能力，切实提升电网设备管理水平；更好地科学估算投资规模，强化规划与计划衔接，融合电网实物资产分析、技改项目造价分析和后评价成果，提高项目精准投资水平。

图 8　生产技改大修项目管理题库

国网安徽宿州供电公司 220kV 马井变主变保护改造

（宿州公司）

一 项目基本情况

项目名称：国网安徽宿州供电公司 220kV 马井变主变保护改造。

项目内容：220kV 马井变电站♯1 主变、♯2 主变保护装置型号均为南瑞继保 RCS－978E，于 2009 年投运；上述保护装置运行 10 年以上，装置老化严重，采样数据误差大，大大降低了电网安全运行可靠性。为消除因插件及模块老化带来的故障、死机等问题，对以上设备进行技术改造，可以提高设备运行可靠性和恢复设备健康水平。

开竣工时间：2022 年 8 月 27 日至 2022 年 9 月 23 日。

本次作业内容：作业内容包括更换 220kV 马井变♯1 主变保护 2 套、♯2 主变保护 2 套，同时进行装置调试工作。

等级划分：Ⅰ类。

实施单位：宿州供电公司。

二 项目实施情况

（一）前期组织情况

严格执行"先勘查、后方案、再计划"工作步骤，开工前组织召开项目推进会，精心组织，提前 2 个月先后 5 次进行现场勘查，商讨停电方案，组织协调装置、电缆等。根据现场勘查情况完成对自主实施所需的三措一案、二次安全措施票等文本材料准备。按照国家电网设备〔2022〕89 号文最新要求，应用一表一库，变电检修中心编制完成检修方案，并安排 8 月 27 日至 9 月 23 日停电计划开展主变保护更换工作。

（二）实施过程描述

1. 本工程作业涉及二次回路多，接线（改接线）、调试工作量大，作业工期长；同时部分拆接线工作涉及运行回路，作业安全风险较大，项目负责人在变电站现场对相关人员开展图纸讲解和技术交底（见图 1）。

图 1　220kV 马井变主变保护改造施工图讲解

2. 新上 6 面保护屏柜，其中新 1 号主变保护Ⅰ、Ⅱ、Ⅲ柜分别放置于三面备用柜处，新 2 号主变保护Ⅰ、Ⅱ、Ⅲ柜分别放置于原 1 号主变保护Ⅰ、Ⅱ、Ⅲ屏处，A 套保护失灵回路采用母差保护判据，B 套保护失灵回路采用本保护判据。

3. 不停电施工计划工期为 2022 年 8 月 24 日至 2022 年 8 月 31 日。具体安排为：2022 年 8 月 24 日至 2022 年 8 月 31 日，根据电缆清册完成新增 1 号主变保护Ⅰ、Ⅱ、Ⅲ柜与新增 2 号主变保护Ⅰ、Ⅱ、Ⅲ柜相关二次电缆、网线敷设工作，拆除备用柜三面屏，并在拆除的屏柜处立新 1 号主变保护柜Ⅰ、Ⅱ、Ⅲ。

4. 停电施工计划工期为 2022 年 9 月 1 日至 2022 年 9 月 9 日、2022 年 9 月 13 日至 2022 年 9 月 22 日。具体安排为：9 月 1 日—9 月 3 日，1 号主变保护改造二次安措执行，旧保护二次回路拆除，拆除原1号主变保护柜Ⅰ、Ⅱ、Ⅲ三面屏，并在拆除的屏柜处立新2号主变保护柜Ⅰ、Ⅱ、Ⅲ。其中，9月3日，35kVⅠ母PT转检修，Ⅰ母电压电缆、Ⅱ母电压电缆穿入35kVⅠ段母线电压互感器5005闸刀小车柜；9月4日—9月7日，1号主变保护及相关二次设备二次接线与二次设备调试（含自动化调试）（见图2）；9月8日，1号主变保护接入220kV第一套母差保护传动试验，1号主变保护接入220kV第二套母差保护传动试验；9月9日，1号主变保护接入110kV母差保护传动试验及启动送电（向量测试）。9月13日—9月15日，2号主变保护改造二次安措执行，旧保护二次回路拆除；9月16日—9月20日，2号主变保护及相关二次设备二次接线与二次设备调试（含自动化调试）；9月21日，2号主变保护接入220kV第一套母差保护传动试验，2号主变保护接入220kV第二套母差保护传动试验；9月22日，2号主变保护接入110kV母差保护传动试验及启动送电（向量测试）。

图2　施工人员对照图纸开展二次回路接线

三　项目自主实施遇到的问题及解决措施

1. 班组承载力不足。为按计划完成改造工程，同时也为加强市县公司联动及技术交流，积极联系县公司检修人员参与，市县联动，专业融合，顺利完成马井变1号、2号主变保护改造工作。

2. 工期紧张，工作量大。为按时完成改造工作，二次检修班前期多次开展现场勘查，组织班组成员开展多次图纸审核工作，确保工作前完成停电工作的相关准备工作，提前组织人员讨论、分析改造过程中可能存在的风险点，并制定相应的解决措施。

四　项目自主实施的亮点

1. 提升员工核心技能。通过该示范项目的开展，进一步提升主业人员核心业务自主检修的能力，强化运检全业务核心班组模式。一是青年员工通过该项目的自主实施对 220kV 变电站大型复杂作业现场组织能力得到进一步提升；二是新进员工通过全程参与保护装置更换工作，掌握主变保护装置逻辑原理及检修要点；三是提升变电检修全员的综合技能水平，锤炼队伍，提高核心业务自主实施能力。

2. 自主实施和全业务核心班组建设同步提升。现场施工由变电检修中心青年骨干担任现场工作负责人，负责从现场勘查、方案制定、作业前准备和现场工作组织，全过程锻炼青年骨干组织 220kV 变电站大型作业的能力。青年员工全程参与自主实施工作，通过自主实施作业现场培养检修后备力量。安排检修专业带头人全程把关、指导，确保检修质量和青年员工培训效果。

国网安徽芜湖供电公司 110kV 沈巷变电站 1 号主变压器更换

（芜湖公司）

一 项目概况

项目名称：国网安徽芜湖供电公司 110kV 沈巷变电站 1 号主变压器更换。

项目内容：110kV 沈巷变 1 号主变压器更换（含油池改造、A 型龙门架更换）、1 号主变 501 间隔开关及流变更换、1 号主变 301 间隔开关更换。

开竣工时间：2022 年 9 月 15 日至 2022 年 11 月 16 日。

典型业务及等级划分：变电-油浸式变压器整体更换，Ⅰ类。

实施单位：国网芜湖供电公司。

二 项目实施情况

（一）前期组织情况

为确保自主实施高质量按时完成，一是提供充足的运检装备，从省管产业单位和其他县域补齐主变更换自主实施所需全部工器具；二是从严审核自主实施方案，运检部牵头组织从现场勘查、检修方案、吊装方案、运输方案到停电方案逐项审核，分析可能存在的风险点和技术难点，制订应对方案；三是修订技改大修自主实施奖励标准，为有效激励基层班组自主实施热情，结合实施难度和业务等级适当提升奖励标准。

（二）实施过程描述

1. 运检部周密组织各专业联合开展现场勘查、制订科学检修计划、减少停电时间、控制电网风险。

2. 根据现场勘察，编制翔实检修方案，明确停电方式、检修任务、工作现场临近带电部位、吊车摆放及行进路线等，组织方案审查并形成整改意见，严格完成方案审批。

3. 加强宣传，充分发挥示范项目的引领作用，对变压器安装现场进行网络视频直播，打造精品标杆施工现场（见图1）。

图 1　新变压器现场安装直播

3. 按照标准化工艺流程，严格按方案开展作业，合理布置作业、摆放、起吊等区域，对旧变压器储油柜等配件拆除工作全程有条不紊（见图2），对新变压器高压套管安装过程整洁有序（见图3）。

4. 现场安全管控落到实处，安全交底内容翔实（见图4）、面面俱到。公司领导、运检部、变电检修中心等组成党员技术组，到场监督指导，严把现场安全质量关（见图4）。

图 2   变压器储油柜拆除

图 3   新变压器高压套管安装

图 4　施工现场安全交底

图 5　党员技术组指导新变压器安装

三　项目自主实施遇到的问题及解决措施

（一）存在问题

1. 本次主变更换工作中的人员配合、工器具的使用及不同主变附件吊装安装中的吊具使用的熟悉程度不足，需进一步加强培训和实践。

2. 年轻骨干的技能实施能力还有待加强。团队中年轻骨干的运检核心业务实操能力存在一定的欠缺，需进一步加强专业理论应用于现场实际的综合能力培养。

（二）解决措施

1. 组织对施工及吊装工器具使用实训，对吊装作业技术流程和施工要点进行讲解培训。

2. 通过核心业务的模拟培训和现场实训，使专业的核心业务能力水平不断回流，年轻骨干技能水平不断提升，技能实操能力不断加强。

四　项目自主实施的亮点

1. **现场练兵，助力核心业务实施**

本次更换主变压器，涉及主变、开关、流变等多种电网主设备的起吊、安装、试验、化验、传动验收等核心业务，充分借助现场实践机会开展培训，组织市县公司年轻骨干共同参与，不断提升核心业务能力水平，促进年轻员工成长成才，提升市县一体化水平。

2. **打造主变更换视频培训样板**

根据施工计划对主变更换全过程排定摄像计划。对关键工序进行剪辑、配解说旁白，制作成高质量的视频培训教材。

3. **制定标准验收作业卡**

对照国网验收标准及工程积累经验，针对性制作关键工序自验收模板，固化形成标准的自主实施验收作业卡，具有可推广性，供同类型自主实施项目参照执行。

4. 建立大型现场协调机制，确保作业现场安全可控

作业涉及多专业、多工种，实施步骤多，现场配合要求高，风险预控点多，是一项考验组织协调施工管理综合能力的工程。对此，公司安监部、运维检修部、变电检修中心等部门联合对方案、步骤、工作界面进行明确，制定了大型自主实施现场的工作协调机制，确保各流程安全实施、各工序质量可靠，为后续大型自主实施作业打下基础。

国网安徽蚌埠供电公司 220kV 官凤 2772 线路改造

（蚌埠公司）

一 项目基本情况

项目名称：国网安徽蚌埠供电公司 220kV 官凤 2772 线路改造。

项目内容：220kV 官凤 2772 线路 9♯、12♯—14♯、26♯、28♯—37♯、43♯、45♯—49♯、54♯、55♯—58♯、60♯—63♯、68♯—69♯ 为门型双排水泥杆，拉线水泥杆杆腿内外均有锈蚀，出现坑洼、鼓包现象，预应力混凝土电杆及构件纵向、横向裂缝宽度较大，多处出现裂纹，还有部分线路现状为 ADSS 光缆跨越高铁及高速，交跨距离不满足运行规程，线路状态评价为异常状态。本工程线路杆塔改造耐张段总长约 13km，线路更换杆塔 24 基，绝缘子、金具及其他附属设施同步更换。共拆除水泥杆 23 基。现状导线型号为 LGJ－400/50 型、地线型号为两根 GJ－50 钢绞线，杆身附挂 1 根 24 芯 ADSS 光缆。另将线路 12♯—14♯、55♯—58♯、68♯—69♯ 段一根 GJ－80 镀锌钢绞线更换为一根 48 芯 OPGW 光缆，拆除原 ADSS 光缆。线路总长约 1.6km。本段导线型号为 LGJ－400/50 型、地线型号为两根 GJ－80 钢绞线，随杆身附挂 1 根 24 芯 ADSS 光缆。

开竣工时间：2022 年 1 月 14 日至 2022 年 12 月 3 日。

本次作业内容：将原♯54 塔拆除，在原♯54 塔大号侧约 12m 处新立 1 基 220－ED21D－ZM2－30 角钢塔，导地线均恢复放线，同步将绝缘子、金具、防震锤等进行更换。

典型业务及等级划分：杆塔组立或更换业务，输电 I 类核心业务。

实施单位：蚌埠供电公司。

二　项目实施情况

（一）前期组织情况

在本工程实施前输电运检中心先后自主实施完成了国网安徽蚌埠供电公司2022 年 110kV 高吴 514 线路检修，完成了新建 1 基耐张钢管杆的组立、导地线迁改及绝缘子串、附件安装等工程，以及 110～220kV 多条线路的检修、消缺工作。

1. 领导亲自挂帅，高标准、高要求积极筹备推进示范项目全过程自主实施。由运检部牵头组织现场勘察，就本工程施工方案会同公司运检部、安质部进行多轮讨论修改线路第一种工作票的编制与审核等工作，同时抓住自主实施的宝贵契机，开展专业交流，联动推进示范项目高质量完成。自主实施业务模式深入人心，提升蚌埠供电公司输电运检中心自主实施检修力量。

2. 强化"五级五控"，持续提升现场作业安全水平。在 ±800kV 雁淮线迁改作业现场，青年同志深入工程一线向同行学本领、学技术，几名青年党员作为专责监护人员始终与施工人员同进同出，从拆旧塔、立新塔到放导线、接光缆，我们全过程监督验收，保障重大工程顺利完工；在 1000kV 淮圩线综合检修现场，我们审方案、把安全，全力护航高空检修；在 500kV 香涧变输电线路工程建设现场，我们体验学习张力放线施工机具和方法流程；在 500kV 横山变新建线路工程验收现场，我们在 60m 的高空对 1.5km 新架导线开展走线检查，查金具、紧螺栓、验导线，一边集中注意力保证安全，一边完成对杆塔、导线、绝缘子和金具的自主验收，全力确保新建线路零缺陷投入运行。

3. 青工培训再加强、夯实全业务核心班组基础。为了能够做好塔上工作，今年以来蚌电青年们在省劳动模范曹宗山同志立标杆做表率的带领下，组建输电运检中心柔性团队，在培训基地苦练本领。我们在模拟带电环境下，完成金具消缺、走线检查、更换自爆绝缘子、消除导线异物等一项项作业，在实战中积累了经验、提升了技能。在 220kV 龙凤 2N40 线等电位消除引流板发热缺陷工作中，在确保输电线路不间断持续供电的情况下对缺陷进行检查消除；在 500kV 会清5343 线等电位补装缺口销作业中，蚌电青年积极探索、勇于挑战，努力克服电压等级升高带来的作业复杂程度升级的难题，并在自主实施超高压线路带电作业中付诸行动，掀开了公司输电专业领域的新篇章。

（二）实施过程描述

1."亮承诺"。结合公司"党员无违章、身边无违章"亮诺行动，开展自主实施启动仪式（见图1），打造安全标杆，提高工程管安全控质效，保证现场"零违章"、设备"零缺陷"。

图1 工程立塔放线启动仪式

2. 铁塔组装。以输电专业青年员工为骨干，在立塔工作前按照图纸完成铁塔地面组装（见图2），通过付诸实践充分培养技能。

3. 铁塔组立。吊车立塔分三段完成，吊车位置坐在基础立塔侧，支腿支撑平稳牢固后装设吊车临时接地线，在起重指挥人的指挥下进行吊装，由于塔材较大，一段采用分片吊装的方法吊装（见图3），首先在塔材大片上拴牢吊点后将速差器连接在塔材大片顶部方便登杆人员后续吊装使用，起吊至杆塔基础腿部连接可靠吊装完毕后，进行另一片吊装；内封铁安装完成后，将基础螺栓两帽一垫紧固并打毛螺栓。二段、三段吊装方式相同。

4. 导线迁移至新塔。下曲臂就位后，将原中相导线利用吊车移至下曲臂内，下曲臂使用链条葫芦收紧保护；新塔组装完成后，利用吊车将原边相导线移动至新塔放线滑车内，原导线提升至悬垂串不受力，停止提升原导线至新塔放线滑车内，拆除原导线悬垂线夹，进行新塔附件安装。

图 2　青年骨干按照图纸完成铁塔地面组装

图 3　分片吊装的方法完成铁塔组立

三　项目自主实施遇到的问题及解决措施

无。

四　项目自主实施的亮点

1. 提前谋划，以干促学，打造一支会技术、懂管理的高素质人才队伍。运检部、输电中心提前谋划，坚持实战练兵，组织青年大学生在培训基地开展登塔、攀登软梯、更换绝缘子等检修项目培训，到基建线路现场开展立塔放线实训；同时在日常等电位带电作业、停电检修作业工作中，积极组织青年员工登塔作业，开展了两次 220kV、一次 500kV 线路等电位带电消缺工作，全面提升了中心青年员工的综合素质，为本次 220kV 线路杆塔组立作业打下坚实基础。

2. 有序推进项目实施，打造党员亮诺无违章现场、精品示范工程。针对 220kV 官凤 2772 线路水泥杆改造工程，运检部、输电中心组织成立以输电班长为项目经理的项目部，并与设计院共同完成线路设计；基础施工阶段，落实"四个管住"要求，安排专业人员全程监督，确保基础施工规范、准确；电气施工前运检部、安监部、调控中心等部门联合开展施工方案评审，明确作业程序的分工组织及现场管控措施落实要求。

3. 立塔作业现场直播，交流分享先进经验。在立塔作业现场，输电中心利用微信在云端进行了现场直播，对前期准备、项目实施做了详细的介绍，并将先进经验在全省范围内做了交流分享。本次工作得到了省市公司领导高度认可和全省同行的一致好评。蚌埠公司将持续常态化开展各项技能培训和自主实施技改大修工作，打造一支"全科医生"人才队伍，确保公司可持续健康发展。

国网安徽阜阳界首供电公司 10kV 枣林 107 线徐楼♯37032 柱上变等配变改造

（界首公司）

项目基本情况

项目名称：国网安徽界首市供电公司 10kV 枣林 107 线徐楼♯37032 柱上变等配变改造。

项目内容：将 10kV 枣林徐楼♯37032 柱上变等 17 台 S11-200kVA、3 台 S11-315kVA 配电变压器增容改造为 S20-400kVA 变压器 20 台。

开竣工时间：2022 年 3 月 10 日至 2022 年 11 月 28 日。

本次作业内容：综合不停电作业法带电更换 35kV 大黄变 10kV 魏庄 108 线开发区西新♯31029 柱上变压器。

典型业务及等级划分：配电变压器的安装、调试、维修，配电Ⅰ类核心业务。

实施单位：界首供电公司配电运检一班（带电作业班）。

项目实施情况

（一）前期组织情况

1. 抽调骨干，成立自主实施项目管理团队。为进一步加强电网生产技改大修项目（以下简称"项目"）管理，根据《国网安徽省电力有限公司电网生产技改大修项目管理工作细则（试行）》（电设备工作〔2022〕31号）要求，界首供电公司成立以生产分管领导统筹，运检部主任为项目经理，副主任为安全员，协调运检各班组、安监、物资等部门的一体化自主实施团队。团队包含质量及技术管理人员5人为各班专业技术骨干，负责解决项目实施过程中的技术问题，编制实施方案等；物资协调人员1人，负责对接物资部、仓库及现场施工人员，确保不会因物资影响项目进度；技经人员1人，负责预算及造价审定，确保预算充足、结算精准。各专业人员在团队中各司其职，为自主实施提供有力保障。

2. 加强班组建设，提升班组"自己干"能力。界首公司将"自己干"和运检全业务核心班组建设同步推进、有机融合，推进全业务核心班组的全面建设。将年轻人员分配向生产一线倾斜，践行师带徒模式，建立"青年人才库"，着力培育施工现场"明白人"、班组管理"接班人"，不断提高班组项目自主实施能力。随着对带电作业班建设力度的加大，界首带电作业班已能够独立完成Ⅰ、Ⅱ、Ⅲ、Ⅳ类作业，故公司决定开展综合不停电作业法带电更换配电变压器自主实施工作。

（二）实施过程描述

1. 虚心学习。公司决定开展综合不停电作业法带电更换配电变压器自主实施项目后，带电作业班人员通过视频观摩标准流程，逐步讨论学习施工步骤关键点，积极请教省市公司不停电作业专家，确保"懂原理、会操作"。积极联系市公司，借用带电作业培训场地，进行模拟演练，并邀请专家现场指导，纠正不规范操作，为高质量施工现场奠定坚实基础。

2. 精心准备。运检部组织带电作业班、安质部、设备管理单位进行现场勘查，根据勘查情况带电作业班编制"三措一案"初稿，运检、安质、市带电作业班共同审定"三措一案"。本次施工多班组共同作业，工序流程多，步骤164项。为保证施工顺利实施，针对技术难点，仔细推敲研磨。对众多风险点，逐条制定安全措施，保证现场作业安全。对"三措一案"中有争议的部分通过再勘查、找标准、找规范的方式逐条确定。

3. 专心施工。本次施工共有大中型特种作业车辆4辆，现场作业班组22人。施工人员各司其职，严格按照"三措一案"预演模拟方案逐项完成绝缘遮蔽、移动箱变车接入、原变压器退出运行、更换变压器、新装变压器运行、移动电源车退出工作、拆除绝缘遮蔽等步骤，顺利完成综合不停电作业法带电更换配电变压器的自主实施工作。

4. 用心总结。该次综合不停电作业法带电更换配电变压器的自主实施工作是省内第一次由县公司主导的带电更换变压器工作，界首公司在现场施工完成后，再次组织相关单位对该次作业进行"复盘"，讨论施工过程中关键点，积极总结经验，形成材料，为后续开展此类工作提供"界首经验"。

三 项目自主实施遇到的问题及解决措施

（一）存在问题

人机力量不足。界首供电公司带电作业班现有带电作业车两辆，无中压发电车及移动电源车，现有装备无法完成该项作业。现有复杂作业人员 7 人，无法支撑该项工作完成。

（二）解决措施

公司领导积极协调本市兄弟单位，借用市公司移动电源车及相关装备，借用兄弟单位绝缘斗臂车一辆，复杂作业人员两名，为此次工作开展做好人机保障。下一步界首公司按照省市公司统一安排积极送培年轻人员、申报相关物资采购项目，确保带电作业力量不断加强。

三 项目自主实施的亮点

1. "不停电"获好评，社会影响广泛。作业现场当地群众驻足围观，安徽电视台《美丽安徽》栏目进行报道，家住当地的界首市人大代表王进宝在现场观摩了作业过程，他在采访中说："看到电力工人在高压线中来去从容的工作场景令人很敬佩，不停电就能更换变压器，更让业外人士感到惊奇和惊喜，电力技术的提升切实让人民群众的生活越来越美好、越来越幸福"。

2. 市县一体协同，工作开展顺利。阜阳公司市县专业协同推进，本次作业在界首公司人机力量不足的情况下，市公司积极帮助协调各单位抽调机械人员予以支援帮助。目前阜阳辖区内带电作业工作在阜阳公司的领导下组件跨市县互助小组，对超大型带电作业施工，互助小组跨地区配合，形成良好工作氛围。

国网安徽合肥供电公司包河区域
延安路变 10kV 32 开关包河花园线路改造

（合肥供电公司）

一 项目基本情况

项目名称：国网安徽合肥供电公司包河区域延安路变 10kV 32 开关包河花园线路改造。

项目内容：包河区域延安路变 10kV 32 开关包河花园线路电杆为 12m 杆，导线采用 JKLYJ－10/150 架空绝缘导线，绝缘子金具老化；延安路变繁华一所 32 线交流 10kV 兴集变 11 包河花园 B02♯ 至兴集变 11 包河花园 B03♯ 导线、延安路变繁华一所 32 线交流 10kV 兴集变 11 包河花园 C01♯ 至兴集变 11 包河花园 C01♯ 导线为 JKLYJ－10/150 架空绝缘导线，绝缘子金具老化。本次改造更换避雷器 9 组、更换 JKLYJ－10/240 架空绝缘导线长 1.156km、更换柱上断路器 3 台、更换 9 组普通拉线、更换 2 组高拉、更换 5 组跌落式熔断器，共计需要带电剪接火 3 次、带电更换柱上断路器 3 次。

开竣工时间：2022 年 4 月 30 日至 2022 年 12 月 30 日。

本次作业内容：全省首次利用 RJ1300 双臂人机共融带电作业机器人带电作业新技术，为"延安路变 10kV 32 开关包河花园线路改造"项目中线路耐张杆、支线等安装故障指示器，通过自主操作带电作业机器人带电安装故障指示器。

典型业务及等级划分：本次自主操作 RJ1300 双臂人机共融带电作业机器人对延安路变 10kV 32 开关包河花园线路不停电安装故障指示器，为配网Ⅱ类故障指示器安装核心业务。

实施单位：合肥供电公司。

二 项目实施情况

（一）前期组织情况

1. 根据前期勘察，编制完成 10kV 配网带电作业机器人不停电安装故障指示器标准化作业指导书。

2. 本次自主操作带电作业机器人进行技改作业任务，由合肥公司运维检修部组织配网运营中心带电作业班进行作业现场勘查、"三措一案"制定等前期全过程组织，并且联合公司人资部、党建部等多部门，统筹市县不停电作业青年骨干开展培训，同时进一步强化作业人员技能，扎实做好技改项目"自己干"，打造全省首次机器人带电安装故障指示器"样板"。

（二）实施过程描述

1. 前期作业准备

（1）根据项目具体实施内容开展现场勘察，填写现场勘察记录。

（2）针对带电作业机器人作业标准化要求，明确作业路径及风险点。

① 勘察线路的排列方式以及走向，以便确认作业斗的进入路径以及角度。

② 确认导线线径大小与各相导线之间的距离，尤其是三角排列时，两个边相之间的水平距离以及和中相之间的垂直距离，确保机器人的末端工器具以及机械臂在保证安全距离的同时拥有足够的运动范围与自由度。

③ 排查作业现场有无遮挡车辆绝缘臂、机器人作业斗以及机器人机械臂运动的各类障碍物；排查有无遮挡作业视角以及末端工具视频监控的障碍物。

2. 具体作业步骤

（1）现场复勘：核对工作线路双重命名、杆号；检查地形环境是否符合作业要求；检查线路装置、气象是否具备机器人带电作业条件；检查工作票所列安全措施是否正确完备，必要时在工作票上补充安全措施。

（2）执行工作许可制度与停放绝缘斗臂车：机器人作业现场严格落实带电作业工作票许可制度，按照带电作业要求停放机器人作业车辆（见图1）。

（3）布置工作现场与召开开工会：在机器人作业半径内设置安全围栏等落实一系列安全措施，交代风险点以及需要额外注意的安全事项，明确机器人现场作业分工（见图2）。

图1　机器人开展带电作业前停放到位

图2　地面人员进行机器人作业半径安全交底和指挥

（4）检查绝缘斗臂车与机器人：作业前检查车辆上装回转、升降、伸缩的操作正常。确认液压、机械、电气系统正常可靠，制动装置可靠。机器人各末端工具、主机电池电量是否满足作业需求。程序自检应充分无误，检查机械臂各自由度旋转、末端工具动作等应正常，确认机械、电气系统正常可靠、制动装置可靠。

（5）机器人进入带电作业区域进行主线识别：在工作负责人的监护下，绝缘承载平台（斗臂车）操作员转移机器人本体至合适工作位置，对主导线远相进行识别。

（6）按照由远及近的原则进行三相安装故障指示器作业：机器人操作员根据控制终端界面引导确认主导线挂故障指示器选点位置。应注意，主导线自动选点失败可重试或转人工进行手动选点。根据视频界面引导调整故障指示器与主线位置，保证主线卡入故障指示器中间，挂故障指示器完成后机器人操作员操控末端工具抓取新的故障指示器，然后按上述步骤完成其余相故障指示器安装（见图 3）。

图 3　机器人在操作员指挥下完成故障指示器的安装

（7）按照作业指导书步骤检查工作完成情况并清理现场：工作负责人检查工作完成情况，确认完成挂接三相故障指示器任务。拆卸机器人各类工器具，断开所有通信、电气等（见图 4）。

（8）与调度联系，汇报工作终结并开收工会。

编号：Q/HGD-10.00.020-2022

10kV 带电作业机器人带电安装故障指示器作业指导书

编写人：_____　　　　____年____月____日

审核人：_____　　　　____年____月____日

批准人：_____　　　　____年____月____日

工作负责人：_____

作业日期　　年　月　日　时　分至　　年　月　日　时　分

合肥供电公司配网运营中心（不停电作业中心）

第 1 页 共 11 页

1. 适用范围

　　本现场标准化作业指导书规定了人机共融配网带电作业机器人带电挂故障指示器的工作步骤和技术要求。

　　本作业指导书适用于 110kV 延安路变电站10kV 徽韵所二 07 线路花园路#33 杆带电安装故障指示仪 作业。

2. 引用文件

　　下列文件对于本文件的应用是必不可少的。凡是注日期的引用文件，仅注日期的版本适用于本文件。凡是不注日期的引用文件，其最新版本（包括所有的修改单）适用于本文件。

　　国家电网公司电力安全工作规程（配电线路）。

　　配网不停电作业工器具、装置和设备试验管理规范（试行）

　　GB/T 14286-2008　　带电作业工具设备术语

　　GB/T 37556-2019　　10kV 带电作业用绝缘斗臂车

　　GB/T 18857-2019　　配网不停电作业技术导则

　　Q/GDW 10520-2016　　10kV 配网不停电作业规范

　　国家电网公司企业标准《配网带电作业机器人》（报批稿）

3　作业前准备

3.1　准备工作安排

√	序号	内　　容	标　　准	责任人	备注
	1	确定工作范围及作业方式	1．待接引线流的主线路为单回路排列，且导线下方无影响作业的障碍物。 2．作业场地适合停放双斗绝缘斗臂车。		
	2	组织作业人员学习作业指导书，使全体作业人员熟悉作业内容、作业标准、安全注意事项	作业人员明确作业标准、作业流程、相关安全注意事项		
	3	根据工作时间和工作内容填写工作票、操作票	工作票、操作票填写正确		

第 2 页 共 11 页

√	序号					备 注
	4	工器具准备，所用工器具良好未超过试验周期	领用绝缘工具、安全用具及辅助器具，核对工器具的使用电压等级和试验周期，作外观检查完好无损；使用绝缘电阻表或绝缘测试仪进行分段绝缘检测，发现阻值低于 700MΩ 的绝缘工具，应及时更换；工器具运输装箱入袋		
	5	危险点预控卡编制并组织作业人员学习	危险源点分析到位，控制措施有效可靠		

3.2 工器具

√	序号	工器具名称		规 格	单位	数量	备 注
	1	机器人	双臂人机共融配网带电作业机器人	RJ1300	台	1	
	2		智能操作终端		台	1	
	3	末端工具	智能挂故障指示器工具	10kV	个	1	
	4	其他	温湿度风速仪		只	1	
	5		安全遮栏、警示牌		副	若干	
	6		安全帽		顶	若干	
	7		防潮毡布		块	若干	
	8		对讲机		个	2	
	9		工作负责人马甲		件	1	

3.3 材料

√	序号	名 称	规 格	单位	数量	备 注
	1	故障指示器		个	3	
	2					

3.4 危险点分析及预控

√	序号	危 险 点	预 控 措 施
	1	高空作业时违反《安规》进行操作，可能引起高空坠落	高空作业时，必须正确使用安全带和戴安全帽，安全带系在工作斗臂车固定部件上并且位置合理，便于作业
	2	双臂机器人与邻近带电体及接地体安全距离不够，可能引起相间短路、接地伤害事故	双臂机器人与邻近带电体的距离不得小于 0.4m，不能满足安全距离时，应采取绝缘隔离措施
	3	绝缘斗臂车支车时车腿支持点土壤是否松软、下水管道，使车体倾斜造成翻车	遇到松软土壤时，支腿下加垫枕木或钢板
	4	绝缘斗臂车液压机构渗漏油，可能引起的支腿、绝缘臂、工作斗沉压	绝缘斗臂车使用前认真检查，并在预定位置空斗试操作一次、确认各液压部分运转良好，无渗漏油现象，方可操作

3.5 安全措施

√	序号	内 容
	1	如遇雷电（听见雷声、看见闪电）雷霆、雨雾不得进行带电作业，风力大于 5 级时，不得进行带电作业
	2	作业现场应设围栏，禁止无关人员进入工作现场
	3	带电作业必须设专人监护，监护人不得直接操作；监护的范围不得超过一个作业点
	4	在带电作业过程中如设备突然停电，带电电工应视备仍然带电
	5	作业时应始终把绝缘导线视为裸线
	6	机器人在移动过程中，机械臂应处于初始位置
	7	机器人下降、上升的速度不应超过 0.4m/s；边沿的最大线速度不应超过 0.5m/s。
	8	在作业时，要注意智能工具与横担及邻相导线的安全距离。
	9	挂三角形排列主线路中间相故障指示器时，可根据需要提升机器人斗高度后，再进行挂故障指示器工作。
	10	机器人电量低于 20% 时，机器人报警，操作员更换电池。

图 4 按照作业指导书步骤完成全部工作

三　项目自主实施遇到的问题及解决措施

1. 在作业时，机器人左臂在手动操作 Z 轴上下时机械臂会停止，机器人不能到达该位置，此时活动肩关节或肘关节后可再次调整 Z 轴上下。在调节 Y 轴与 X 轴正负时机器人不能到达该位置，且移动速度特别快并会"保护性停止"。针对该问题，已协同厂家通过更新程序解决。

2. 机器人安装故障指示器时，有时出现 Y 轴定位不准，无法可靠安装在导线上，需要作业人员多次调节。后在末端工具上安装了 1 个摄像头，并可实时将画像传送至终端平板，辅助作业人员高效率完成选点和定位，完成安装任务。

四　项目自主实施的亮点

（一）推广应用带电作业智能化装备，提质增效

1. 采用机器人作业，降低人工成本。通过利用带电作业机器人作业，将原来至少需要两名斗内人员的作业，减少为现在只需要一名地面操作人员，大大降低了人力成本，缓解了作业人员力量不足的问题。

2. 采用机器人作业，降低绝缘用具成本，提升作业效率。原来作业人员需要穿戴绝缘防护用具，登斗对线路和设备采取绝缘遮蔽措施，现在利用机器人作业，就避免了相应的绝缘防护用具、绝缘遮蔽用具的使用和损耗；同时减少了装设、拆除绝缘遮蔽的过程，有效降低了安装故障指示器的作业时间，大大提升了作业效率。

3. 采用机器人作业，降低作业安全风险。作业人员不需要进入绝缘斗臂车进行高空作业，可以有效降低工作人员在作业过程中的安全风险。

（二）推进不停电作业市县一体化

组织各县公司不停电作业人员在市公司班组轮岗作业，通过现场实操培训，提升县域不停电作业人员对于带电作业机器人的理解、掌握和实际应用能力，推动机器人作业在市县公司的加速应用。

（三）建立带电作业机器人深化应用机制

合肥公司带电作业机器人作业已覆盖带电剪火、带电接火、带电安装故障指示器、带电安装接地挂环、带电安装驱鸟器等；同时按期反馈机器人周报、月报，及时反馈现场应用过程中发现的问题和解决建议，加强与研发人员交流，推动机器人不断迭代升级。

（四）"师带徒、传帮带"，夯实"自己干"基础

通过技改大修"自己干"，在扎实做好电网运维及带电作业两项核心业务的同时，不断为青年员工提供学习、锻炼的平台。并积极推广机器人带电作业，提升智能化装备应用水平，培养青年自主实施积极性，不断夯实"自己干"中坚力量，实现项目质效、核心业务能力双提升。

国网安徽马鞍山供电公司
220kV 采石等变电站
220kV 电压互感器及避雷器改造

（马鞍山供电公司）

一 项目基本情况

项目名称：国网安徽马鞍山供电公司 220kV 采石等变电站 220kV 电压互感器及避雷器改造。

项目内容：220kV 采石变 220kV Ⅰ 母线、Ⅱ 母线、220kV 上采 4818、当采 4833 线路电压互感器、220kV 长龙山变 220kV Ⅰ 母线、Ⅱ 母线电压互感器均为日新电机（无锡）有限公司 1995—2004 年间生产，日新电机（无锡）有限公司 2006 年前批次生产的电容式电压互感器结构易发生因密封老化造成的电磁单元进水，进而发生故障。该批次产品已多次出现因电压互感器进水导致的内部异响及二次电压消失，本项目计划更换掉存在潜在缺陷的电压互感器，并同步更换老旧的 220kV 采石变 220kV Ⅰ 母线、Ⅱ 母线避雷器。

开竣工时间：2022 年 1 月 1 日至 2023 年 12 月 31 日。

本次作业内容：220kV 上采 4818 线路压变更换及试验。

等级划分：Ⅱ类。

实施单位：马鞍山供电公司。

二 项目实施情况

（一）前期组织情况

1. 严格执行省公司电网生产技改大修项目管理工作细则要求，加强电网生产技改大修项目管理，强化项目外包管控，推进项目自主实施，运检部充分利用各中心班组人员力量成立业主项目部及项目自主实施管理团队，强化项目采购、合同签订、现场勘查、方案制订、"三措一案"编审、现场到岗到位、竣工验收、结算编审、审计入账、转资关闭等全过程管控。

2. 公司运检部、安保部及变电检修中心提前谋划，建立了以班组长为主心骨的"自己干"团队。为了提高技改大修自己干工程自主实施程度，该团队在迎峰度夏期间完成所有队员的起重指挥取证工作，使团队不仅掌握核心技术，还掌握为核心业务服务的辅助技术。

（二）实施过程描述

1. 运检部牵头、变电检修中心主导，联合变电运维中心人员及吊车司机、起重指挥人员等现场勘查，并形成勘察报告。重点描述了吊车站内行车路线、作业过程座位及边界条件。

2. 根据前期勘察，编制检修方案，明确停电范围、检修任务、工作现场周围带电部位，吊车行进路线、座位及边界条件等，运检部组织方案审查，并形成整改意见，变电检修中心及时落实整改，完成方案审批流程。

3. 按照标准化工艺流程，严格按施工方案及工作票开展作业，履行安全交底签字手续，合理布置作业、摆放、起吊等区域，全程有条不紊、干净整洁（见图1）。

图 1　220kV 线路压变更换吊装现场

4. 现场安全管控落到实处，安全交底内容翔实、面面俱到。公司领导、运检部、变电检修中心等到场监督指导，严把现场安全质量关。

5. 现场开展检修工作的同时，进行作业全过程视频直播及关键工艺流程现场讲解，以学促干，干学结合，提高变电核心业务技能。

三 项目自主实施遇到的问题及解决措施

（一）存在问题

班组人员短缺，11月份班组检修任务重，上采4818线路压变更换当天，有3个三级作业现场同时开工，班组人员压力大。

（二）解决措施

优化其余两个现场作业工序，保留现场工作负责人，抽调技术骨干2名至采石变，以班长为主心骨，配备班组起重指挥持证人员1名，同时配备1名辅助人员，在大家齐心协力下，克服困难，圆满完成上采4818线路压变更换。

四 项目自主实施的亮点

1. 传帮带，学促干，提升青年人才核心业务能力

本次自主实施工程，市县青年员工均通过现场或线上方式进行观摩学习，全过程见证了220kV压变更换，专业技能均有很大的提高，有力地支撑了全业务核心班组建设。不仅如此，本次自主实施的改造工作也向他们灌输核心业务一定牢牢抓在自己手里的观念，培养了自己动手不等不靠的工作作风。

2. 开展自主实施现场＋视频观摩和现场讲解

马鞍山公司运检部组织变电检修中心、3家县公司在220kV采石变作业现场进行观摩，同时采取"腾讯会议线上直播"的方式，通过"专家讲理论、现场讲操作"的模式，为不能到达现场的市县青年人才提供学习通道，也为兄弟单位相关业务提供了一次经验交流的机会。随着变电站属地化运维的完成，本次自主实施为县公司自主实施积累了经验，下一步将促进县公司推进110kV设备检修自主实施，提升公司整体运维检修水平。

国网安徽亳州供电公司 220kV 焦楼变 220kV 焦涡线 2720 开关等线路保护装置更换

（亳州公司）

一 项目基本情况

项目名称：国网安徽亳州供电公司 220kV 焦楼变 220kV 焦涡线 2720 开关等线路保护装置更换。

项目内容：220kV 焦涡线 2720 开关光纤纵差保护、光纤闭锁保护，均为南京南瑞继保电气有限公司 2009 年 09 月生产，投运于 2010 年 01 月，以上共计 4 套保护设备运行年限均达 12 年以上，影响设备安全、稳定运行，计划对以上共计 4 套保护设备同时进行技术改造，提高设备运行可靠性。亳州公司计划项目中的保护装置安装、功能调试、传动试验等核心环节由公司主业人员开展，锻炼人才队伍。

开竣工时间：2022 年 6 月 10 日至 2022 年 11 月 3 日。

本次作业内容：220kV 线路保护装置上电前检查、保护功能校验、传动试验、通道联调工作。

典型业务及等级划分：本项目典型业务为二次专业—继电保护及安全自动装置—线路保护、过电压及远方跳闸装置改造后交接试验，等级划分为 I 类。

实施单位：国网安徽亳州供电公司。

一 项目实施情况

（一）前期组织情况

1.2022 年，亳州公司技改大修项目自主实施涉及Ⅰ、Ⅱ类核心业务，项目全部自主实施 38 项、部分自主实施 31 项。为推进自主实施项目安全有序开展，亳州市县公司成立了 8 个自主实施项目管理团队，推进项目安全有序开展。

2. 为提升自主实施作业人员技能水平，加强项目安全、质量管理，亳州公司制订了年度安全教育培训工作方案，完善安全教育培训机制、开展安全生产技能实训，制定安全任务清单。相继开展了输电线路运检、电缆头制作与运维、变电运维能力提升、变电一二次设备检修，配电电缆运检、供电所运检技术、配电自动化等一系列培训班，有效提升现场作业人员技术能力与安全管理水平。

3. 本项目实施单位为变电检修中心，该中心成立项目管理团队 1 个，统筹部门人员力量，建立包括中心技术人员、各专业技能骨干、青年人员的自主实施核心队伍，在自主实施过程中，统筹安排，积极稳妥、安全有序推进项目实施。

（二）实施过程描述

1. 为保障自主实施工作安全有序开展，亳州公司先后 3 次组织到 220kV 涡阳变、焦楼变进行现场勘查，对实施前的风险点、二次安全措施多次复核。运检部组织对"三措一案"中的组织措施和具体安全措施多次提出指导意见，督促完善作业文本和提升文本质量。经过 4 次修改和审核，确定改造工程"三措一案"。

其中根据设计及现场勘察情况，本次改造主要工作包括以下：

（1）拆除 2720 线路保护屏柜，新安装 2 个保护屏柜，包含 2 套线路保护、2 套操作箱、1 套复用接口装置。

（2）敷设线路保护屏至通信屏、48V 通信电源屏、直流电源屏、相邻屏、故障录波器屏、测控屏、母差保护屏、同步时钟屏、开关端子箱、保护信息子站屏、220kV电压并列屏二次电缆、光缆、2M线、网线等。

（3）2720线路保护屏、通信屏、48V通信电源屏等屏柜处二次接线。

（4）保护更换后调试验收。主要包括通流通压试验、保护（含母线保护）逻辑校验、保护（含母线保护）带开关传动试验、与对侧通道联调试验、接入保信子站、故障录波器等。

（5）自动化专业二次接线后信号调试、GPS接入。

（6）启动送电过程中2720线路保护带负荷向量测试工作。

2. "三措一案"确定后，亳州公司组织作业人员对"三措一案"、作业指导书等作业文本进行学习，重点关注作业风险点，同时强调施工过程中二次接线工艺、验收调试等技术监督工作内容，确保现场工程施工安全和施工质量。

3. 在施工过程中，自主实施人员全程参与二次安全措施、屏柜拆除、安装、二次接线、调试验收等各个环节（见图1），对改造过程中的各个环节全程把关，确保工程现场工作满足现场运行要求和技术标准。同时重点对现场工程进度进行把控（表1），相较工作计划提前完成改造工作，自主实施工作提升了工程质量的同时缩短了工程时间，降低了电网风险。

表1　工作进度表

序号	工作任务	计划开始时间	计划结束时间
1	（1）使用二次安全措施票；做好二次安全措施后，拆除焦涡2720开关保护屏	10月28日	10月28日
2	（1）光缆、电缆、网线、2M线敷设及接线 （2）安装新屏柜（新保护装置、失灵保护装置、操作箱、复用接口装置）	10月29日	10月30日
3	（1）保护装置单装置调试及其采样回路、控制回路、电压切换回路等二次回路调试 （2）保护及测控装置更换后信号调试 （3）接入保信子站、故障录波器	10月31日	11月31日
4	（1）接入220kV第一套母差保护、220kV第二套母差保护 （2）保护装置光纤通道联调试验 （3）工作完成后恢复二次安全措施	11月1日	10月31日
5	保护定值按省调下发定值单整定，并做好带负荷测保护向量工作	11月2日	11月2日

图 1　二次安全措施、屏柜拆除、安装、二次接线、调试验收等工作现场

4. 项目施工完成后，亳州公司按照现场参与工程量进行报审，项目结算金额较预算大幅降低。在完成人员技能、施工质量两个方面提升的同时，将节省的项目资金按照比例及时奖励到工作人员，有效地提升了人员自主实施的热情。

三 项目组织实施遇到的问题及解决措施

（一）存在问题

部分自主实施项目完全由班组施工，未进行施工招标，在此期间牵涉到机械费用，此项费用不易解决，给基层单位自主实施积极性带来了困扰。

（二）解决措施

对于需要提供机械、零工的自主实施项目，亳州公司与集体企业签订定向使用合同，由集体企业提供机械和零工，从项目管理费用中实报实销，解决了基层单位自主实施的后顾之忧。

四 项目自主实施的亮点

1. 亳州公司党委高度重视自主实施推进及奖励工作。公司相继制定下发了亳州公司自主实施管理办法和标准成本作业库（见图 2），确定奖励标准。结合已实施完成项目在开竣工验收、计划管控、奖励金额核定、兑现、工程零星费用（吊车等施工器具、临时用工）报销存在的问题，进行整理、总结，形成了公司"自己干"项目标准化流程。

2. 强化班组层面绩效管理。制定了班组大修技改专项奖励二次分配办法，确保专项奖励发放与参与人员角色、工作质量、数量挂钩，并将"自己干"工作纳入"工作积分制"、"安全积分制"统计、"核心＋骨干"人员评比等工作中。

3. 开展"自己干"人才培养。从现场勘查、方案制订、作业前准备和现场工作组织，青年员工全程参与自主实施工作，通过自主实施作业现场培养检修后

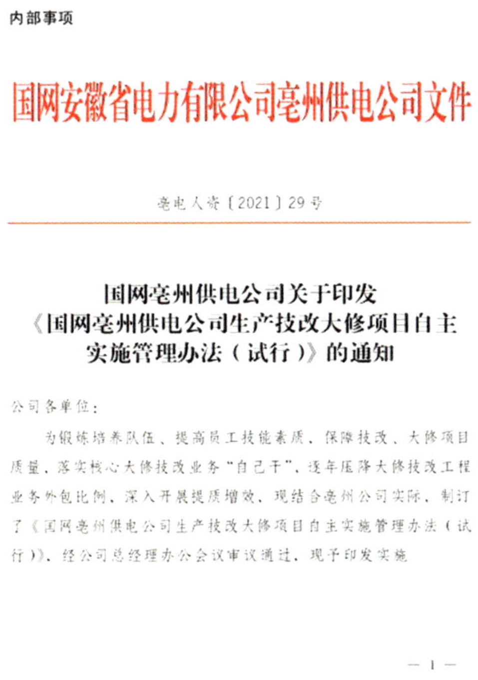

内部事项

国网安徽省电力有限公司亳州供电公司文件

亳电人资〔2021〕29 号

国网亳州供电公司关于印发
《国网亳州供电公司生产技改大修项目自主
实施管理办法（试行）》的通知

公司各单位：

为锻炼培养队伍、提高员工技能素质，保障技改、大修项目质量，落实核心大修技改业务"自己干"，逐年压降大修技改工程业务外包比例，深入开展提质增效，现结合亳州公司实际，制订了《国网亳州供电公司生产技改大修项目自主实施管理办法（试行）》，经公司总经理办公会会议审议通过，现予印发实施。

— 1 —

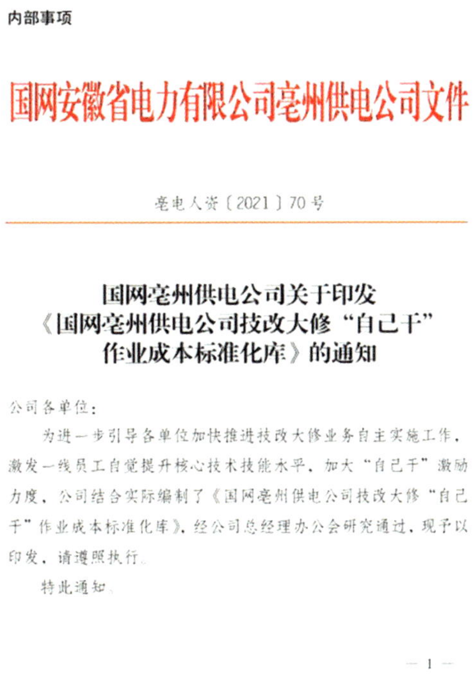

内部事项

国网安徽省电力有限公司亳州供电公司文件

亳电人资〔2021〕70 号

国网亳州供电公司关于印发
《国网亳州供电公司技改大修"自己干"
作业成本标准化库》的通知

公司各单位：

为进一步引导各单位加快推进技改大修业务自主实施工作，激发一线员工自觉提升核心技术技能水平，加大"自己干"激励力度，公司结合实际编制了《国网亳州供电公司技改大修"自己干"作业成本标准化库》，经公司总经理办公会研究通过，现予以印发，请遵照执行。

特此通知。

— 1 —

图 2 "自己干"项目标准化流程文件

备力量。"自己干"核心队伍涵盖各专业人员，在施工现场开展实地教学，实际操作、装置逻辑、回路等内容答疑解惑，同时通过变电一、二次相互学，县公司人员全面学的方式，提升青年员工技能水平的同时，实现了多专业复合型人才的培养，进一步推动综合性大班组和全业务核心班组建设；开展"抖音"微视频系列培训内容，自主实施工作通过微视频制作并上传原理、实操、消缺等培训内容，通过随时随地都能学的方式，增强培训效果，目前"抖音"公众号已有粉丝1.1 万余人。

4. 本项目各技术设计方案

（1）开关保护跳闸回路的设计方案

最新的线路保护采用九统一设计，与传统的 220kV 线路保护在设计上增加了一套操作箱（内含电压切换功能）。这种设计最大限度地取消了两套保护之间的环线。第一套保护用第一套操作箱合开关机构内合闸线圈，跳开关机构内第一组跳闸线圈；第二套保护用第二套操作箱跳开关机构内第二组跳闸线圈。手合只启动第一套操作箱内合闸回路，重合闸回路第一套与第二套保护并联启动第一套操作箱内合闸回路。（注：操作箱跳/合闸参数应与操作机构匹配。）

（2）第二套 TWJ 怎样启动

因 220kV 焦涡 2720 开关只有一组合闸线圈，并与第一套操作箱连接，第二套操作箱的合闸回路悬空。这样会使第二套的 TWJ 无法启动，正确的接法为将第二套接入 09A、09B、09C 来启动 TWJ。

5. 通过市县一体、多专业协同的方式推动工程进度的同时，加强自主实施过程管理，全程对工程技术、安全等关键内容进行重点把控，同时严格按照要求逐项开展验收调试技术监督工作，提升工程质量。

国网六安供电公司 220kV 文峰变 220kV♯1 主变保护改造

（六安公司）

◆ 项目基本情况

项目名称：国网六安供电公司 220kV 文峰变 220kV♯1 主变保护改造。

项目内容：220kV 文峰变♯1 主变双套保护更换，220kV 文峰变电站有 220kV 主变两台，其三侧电压等级分别为：220kV、110kV、35kV；220kV、110kV 一次均为双母接线方式，35kV 为单母分段接线方式。原 220kV ♯1 主变保护由两块屏柜组合双重化继电保护，其中包含两套南瑞继保 RCS－978 型主变保护加上一套 RCS－974 型非电量保护装置，2008 年 1 月出厂，2008 年 6 月投运，运行超过 12 年，装置老化严重，需要进行更换改造。本次改造项目自主实施，将老旧保护更换为根据省公司九统一要求改进成两屏组双重化主变保护，Ⅰ屏由北京四方产主后备一体化保护装置 CSC－326T2－G＋中、低压侧操作箱 JFZ－13TX＋高、中压侧电压切换装置 JFZ－40QA＋非电量保护装置 CSC－336C2 组成，Ⅱ屏由国电南瑞产主后备一体化保护装置 NSR－378T2－G＋高压侧操作箱 NSR－381T2＋PST1210UB1＋高、中压侧电压切换装置 NSR－383BAS（两套）组成。

开竣工时间：2022 年 1 月 10 日至 2022 年 11 月 3 日。

本次作业内容：双套保护更换及调试。

典型业务及等级划分：二次专业—继电保护及安全自动装置—变压器保护装置安装改造—SCD 配置文件（虚回路）检查下装、装置调试及二次回路校验工作，等级划分为Ⅱ类业务。

实施单位：国网安徽六安供电公司。

项目实施情况

1. 提前谋划，精细准备

为进一步落实国网省公司关于生产技改大修业务自主实施的工作要求，六安公司运检部及变电检修中心主动作为、积极部署，针对本项目大型施工现场作业情况，抽调继电保护专业骨干人员现场踏勘4次，结合制订停电方案，编制现场工作票（见图1），提前一个月编制出现场安全交底会记卡（见图2）、二次安全措施票（见图3）、施工方案等文本，并提交省调保护处专家审核。同时抓住自主实施的宝贵契机，开展市县公司专业交流，市县联动推进示范项目高质量完成，提升六安公司整体自主实施检修力量。

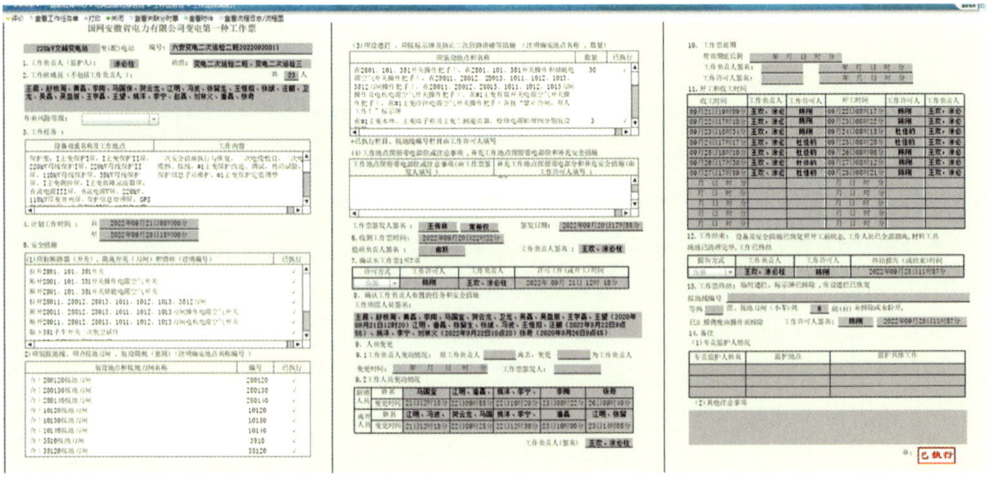

图1　主变保护更换作业现场工作票

2. 岗位练兵，提升技能

工作负责人由班组长担任，组建了中、青两代人员的核心施工团队，全程进行专业培训讲解。中心施工团队自主完成二次安全措施布置、二次接线、调试验收等核心工作内容，全程参与了屏柜拆除、安装、二次电缆施放等工作。通过该项目的开展，进一步提升了二次人员核心业务自主检修能力，积极发挥"传帮带"的成效。青年员工在积极学习、动手实践的良好氛围内，在较短时期内有了很大的进步。

现场安全交底会记录卡

专业室：变电检修中心　　班组：变电二次运检二班　变电次运检二班 明天 10分

交底卡编号：工·2022·20011-01

负责人	王欢 徐明栋	工作任务	220kV #1主变保护改造 与调 执行
工作地点	220kV文峰变		
工作时间	自2022年 09月 21日 12时	至 09月 21日 20时	
安全交底会日期和时间	09月 21日 12时 20分		

		《反违章专责人人身风险防控关键措施清单》	履责涉及
反违章专责人当日工作应履职责	防触电	确认可能送电至工作地段的各侧电源开关已断开	✓
		接地、绝缘遮蔽等防倒送电措施落实到位，地刀合闸紧密。	✓
		如需拉开地刀或拆除地线，已监督采取可靠临时接地措施	✓
	防三误	二次电流回路工作防止开路	✓
		二次电压回路工作做好隔离，防止向一次侧反送电	✓
		二次回路拆接线做好验电和绝缘防护措施	✓
		使用调试仪进行模拟加量试验时，不得带电拆接线	
	防高坠	高处作业正确使用安全带，移位不得失去保护	
		禁止低挂高用或打在支柱瓷瓶等不牢靠处	
	防物体打击	严禁上下抛掷施工材料及工器具	
	准入管理	外包人员均经安全培训并持有入场证	
		工作班成员状态良好，无生病、饮酒等状况	✓
	作业文件	检修计划、作业文本、现场安措均与实际对应	✓
	施工机具	安全工器具和施工机具在试验有效期并符合规范	✓
	安全管理	严禁擅自扩大工作范围、工作内容或擅自变更现场安全措施	✓

工作任务和人员分工

引用宿晨、钟栋同、黄磊、童阳、贺云龙负责 220kV #1主变保护屏更换。

叶浩、吴驰、吴国刚、王营磊、王劐方负责 220kV #1主变保护改造与调试执行

图 2　现场安全交底会记录卡

安徽电网继电保护安全措施票（常规站）

单位：六安供电公司　　　　　　　　　编号：2022092001

被试设备名称	220kV文峰变电站#1主变保护				
工作负责人	涂顺柱	工作时间	2022年09月21日至2022年09月28日	签发人	刘立勇

工作内容：220kV文峰变电站#1主变保护改造

原始状态记录：包括连接片、各类空气开关等开工前状态

序号	开工确认	原始状态内容	收工确认
1.	✓	记录I主变保护I屏前所有压板位置，拍照留存	✓
2.	✓	记录I主变保护I屏后空气开关位置，拍照留存	✓
3.	✓	记录I主变保护II屏前所有压板位置，拍照留存	✓
4.	✓	记录I主变保护II屏后空气开关位置，拍照留存	✓
5.	✓	检查220kV母线保护I屏中"220kV母差保护跳#1主变2801出口压板"（1C2LP1）确已退出	✓
6.	✓	检查220kV母线保护II屏中"220kV母差保护跳#1主变2801出口压板"（1C2LP1）确已退出	✓
7.	✓	检查110kV母线保护中110kV母差保护装置跳I主变101开关压板"（1XB）确已退出	✓
8.	✓	检查35kV母线保护屏中"35kV母差保护装置跳1#主变351开关压板"（13XB）确已退出。	✓

安全措施：包括应打开及恢复连接片、直流线、交流线、信号线、联锁线和联锁开关等，按工作顺序填用安全措施

序号	执行	安全措施内容	恢复
1.		一、联跳回路安全措施	
2.	✓	拆除220kV母线保护I屏中1C2D端子排上9号端子回路编号为"1B-131 1CD5"电缆，对线，并作绝缘处理（失灵及解复压+）	✓
3.	✓	拆除I主变保护I屏中1CD端子排上5号端子回路编号为"1B-131 1C2D9"电缆，对线，并作绝缘处理（失灵及解复压+）	✓
4.	✓	拆除220kV母线保护I屏中1C2D端子排上15号端子回路编号为"1B-131 1CD37"电缆，对线，并作绝缘处理（失灵-）	✓
5.	✓	拆除I主变保护I屏中1CD端子排上37号端子回路编号为"1B-131 1C2D15"电缆，对线，并作绝缘处理（失灵-）	✓
6.	✓	拆除220kV母线保护I屏中1QD端子排上11号端子回路编号为"1B-131 1CD41"电缆，对线，并作绝缘处理（解复压-）	✓
7.	✓	拆除I主变保护I屏中1CD端子排上42号端子回路编号为"1B-131 1QD11"电缆，对线，并作绝缘处理（解复压-）	✓
8.	✓	拆除I主变保护I屏中8D端子排上9号端子回路编号为"1B-135: 1C2D3"电缆，对线，并作绝缘处理（失灵联跳+）	✓

图3　继电保护安全措施票

三 遇到的问题及解决措施

（一）存在问题

1. 年轻员工动手能力较弱，不能独立完成屏柜拆除、电缆处理接线等工作。

2. 年轻员工的自主调试能力不强，对各厂家装置的原理不甚精通。

3. 前期未按照十八项反措要求完善主变保护失灵联跳回路，本次考虑予以完善。但本项回路改造和试验工作对继电保护专业技能要求极高，现场检修人员经验不足。

4. 前期保护装置具备闭锁有载调压、启动风冷的功能，但现有九统一的保护装置不具备本项功能，因此需要加装继电器、改造二次回路。

（二）解决措施

1. 利用本次全过程自主实施改造所有流程，年轻员工经历电缆敷设、屏柜拆除安装、电缆处理及接线等动手工作。首先由经验丰富的老师傅们手把手展示教学，中心领导更是亲自示范，指导年轻员工提升动手能力。

2. 本次改造施工完成后，由年轻员工自主调试，通过查阅各装置说明书、原理图纸等，参照调试大纲和标准化的作业指导书逐项试验验证，保证不缺陷、不漏项。

3. 主变保护失灵联跳的原理及二次回路非常复杂，首先认真研读说明书中本项原理的逻辑框图，其次根据逻辑框图改造二次回路，申报母差保护停用申请，两台试验仪器配合使用，专人指挥方才完成本项功能的验证。

4. 检修人员在勘查时发现此前、后期保护装置功能的不同，第一时间联系设计人员，提出更改二次回路的方案，完善闭锁有载调压、启动风冷的功能。本项二次回路的改造有助于提升二次人员对主变有载调压、风机启动等一次设备的了解，进一步促进了一二次专业的融合。

四 项目自主实施的亮点

1. 精心勘查，精细准备，精准实施

本次文峰变♯1 主变保护改造项目前期周密筹备，由变电检修中心人员全过

程自主实施，顺利完成了所有改造项目，改变了以往由施工调试队伍主导、检修人员旁站监护的情况，提高了二次检修人员独立完成大型复杂改造工作的能力。

2. 专业传帮带，系好青年员工的第一粒扣子

本次改造工程的工作班成员均为 2021 届青年员工。他们全过程参与本次改造项目的自主实施，实现了施工、调试的全业务链条的贯通，专业技能均有很大的提高，有力地支撑了全业务核心班组建设。不仅如此，本次自主实施的改造工作也向他们灌输核心业务一定牢牢抓在自己手里的观念，培养了自己动手不等不靠的工作作风。

3. 视频直播观摩，拉高工作标准

本次项目的部分工序进行了线上的视频直播观摩，在兄弟单位专业人员、省公司各专业领导的观摩下，参与本次直播的二次检修人员严格规范自身作业行为，规范施工调试流程。本次作业直播不仅提高了各项工作的标准，培养了作业人员按规作业的良好习惯，而且增强检修人员干精彩、讲精彩的意识，全面提升其完成各类型工作的能力。

国网安徽池州供电公司 110kV 查桥变 1 号主变更换

（池州公司）

一　项目基本情况

项目名称：国网安徽池州供电公司 110kV 查桥变 1 号主变更换。

项目内容：110kV 查桥变 110kV1 号主变、110kV 菊查 452 开关配用电流互感器、1 号主变 35kV 侧避雷器、1 号主变 10kV 侧避雷器、1 号主变 10kV 出口至穿墙套管之间 10kV 母排更换以及新建 2 组 10kV 户外框架式并联电容器。

开竣工时间：2022 年 9 月 16 日至 2022 年 12 月 19 日。

自主实施作业内容：110kV 查桥变 110kV1 号主变、1 号主变 35kV、10kV 侧出口避雷器更换，1 号主变 10kV 出口至穿墙套管之间 10kV 铝母排更换铜排。

典型业务及等级划分：变电—油浸式变压器或电抗器，Ⅰ类。

实施单位：池州供电公司。

二　项目实施情况

（一）前期组织情况

1. 管理团队建设方面

为进一步加强电网生产技改大修、配电网工程及运检专项成本项目全过程管理，强化项目管控，确保作业安全和质量，池州公司成立了变电业主项目部等 7

支业主项目部（见图1），明确了安全、质量、技术、计划、物资、现场监督等管理职责及人员分工，以加强项目实施过程管控，对项目实施关键环节进行有效管控。同时，变电检修中心成立全业务核心班组建设及项目实施管理柔性团队，强化项目采购、合同签订、现场勘查、方案制订、"三措一案"编审、现场到岗到位、竣工验收、结算编审、审计入账、转资关闭等全过程管控。每月组织召开项目推进会，统一督促项目实施并协调相关问题，进一步提升技改大修项目管理精益化水平。

国网安徽省电力有限公司池州供电公司文件

池电运检〔2022〕44 号

国网池州供电公司关于成立 2022 年
生产技改大修、配电网工程及
专项成本业主项目部的通知

公司各部门：

为进一步加强电网生产技改大修、配电网工程及运检专项成本项目全过程管理，强化项目外包管控，确保作业安全和质量，经研究，决定成立公司 2022 年生产技改大修、配电网工程及运检专项成本业主项目部，以加强项目安全、质量、进度、造价等实施过程管理，对项目实施关键环节进行有效管控。

特此通知。

— 1 —

图1　国网池州供电公司关于成立 2022 年生产技改大修、
配电网工程及专项成本业主项目部的通知

2. 配套保障方面

公司建立绩效激励体系，灵活采用积分档案等考评方式，精准衡量班组员工工作量和绩效贡献，进一步科学分配班组员工薪酬，同时公司制订《工作负责人星级评定实施方案》（见图 2），营造"多劳多得、贡献导向"的良好氛围，助推员工价值导向由"要我干"向"我要干"蜕变。

落实党建引领，凝聚自主实施的向心力。深入开展"党员揭榜"活动，包括立榜、揭榜、发榜、攻关四个阶段，每个阶段充分发挥党员先锋模范作用。该重点示范项目，由支部书记挂帅领先，由班组业务骨干党员担任工作负责人，由青年党员广泛参与，提升党建＋质效和"党员带班员"的良好氛围，落实零违章创建工作，大力营造安全文化氛围，以党员无违章示范带动全员无违章，为生产技改大修"自己干"打下坚实基础。

内部事项

国网安徽省电力有限公司池州供电公司工作通知

电安监工作〔2021〕47 号

国网池州供电公司关于工作负责人星级
评定实施方案（试行）的通知

公司各部门：

为进一步激励现场作业工作负责人安全履责，提升工作负责人主动担当意识，坚持"多劳多得"原则，结合公司实际，制定国网池州供电公司工作负责人星级评定实施方案。请遵照执行。

图 2　国网池州供电公司关于工作负责人星级
评定实施方案（试行）的通知

（二）实施过程描述

1. 公司运检部组织变电检修中心、变电运维中心相关专业人员及起吊作业人员到现场进行勘察，提前辨识此次项目的风险点（见图 3），制定详细的风险预控措施和"三措一案"。由公司运检部组织安监部、调控中心、变电运维、变电检修等各部门开展会审，对主变拆除、运输、就位、安装及附件吊装方案进行了多次审查及修改，确保风险在控、能控、全控。

图 3   项目作业风险点标示图

2.加强宣传和氛围营造，充分发挥示范项目的引领作用，打造精品标杆施工现场（见图 4）。

图 4   池州公司推行核心业务自主实施海报

3. 制定项目进度表（表 1），稳步推进项目建设。

为保障自主实施项目实施有条不紊的开展，制定项目所需物资到货情况及计划施工流程表，确保项目实施进度可控。建立项目管理柔性团队，建立微信交流群，及时发布项目进度信息（见图 5），保证了项目顺利完成。

表 1　项目进度表

序号	物资名称	型号	数量	单位	供货厂家	预计到站时间	到货情况	负责人	备注
1	110kV 油浸有载变压器，	50MVA，110/35/10，一体	1	台	常州西电变压器有限责任公司	2022－11－05	已到货	梁永祥	就位时到货
2	矩形母线	铜，2500A	140	米	沈阳旌旗电力设备有限公司	2022－9－5	已到货	梁永祥	
3	交流避雷器	AC35kV，51kV，瓷，134kV，不带间隙	3	台	杭州永德电气有限公司	2022－9－5	已到货	梁永祥	
4	交流避雷器	AC10kV，17kV，硅橡胶，45kV，不带间隙	3	台	西安西电避雷器有限责任公司	2022－9－5	已到货	梁永祥	
5	交流支柱绝缘子	AC20kV，瓷，12.5kN，非磁性，户外	39	只	西安西电高压电瓷有限责任公司	2022－9－5	已到货	梁永祥	
6	控制电缆	KVVP2，2.5，7，ZC，22	200	米	扬州市金阳光电缆有限公司	2022－9－5	已到货	梁永祥	
7	控制电缆	KVVP2，2.5，10，ZC，22	200	米	扬州市金阳光电缆有限公司	2022－9－5	已到货	梁永祥	

（续表）

序号	物资名称	型号	数量	单位	供货厂家	预计到站时间	到货情况	负责人	备注
8	控制电缆	KVVP2，4，4，ZC，22	300	米	扬州市金阳光电缆有限公司	2022－9－5	已到货	梁永祥	
9	控制电缆	KVVP2，2.5，4，ZC，22	300	米	扬州市金阳光电缆有限公司	2022－9－5	已到货	梁永祥	
10	控制电缆	KVVP2，4，10，ZC，22	100	米	扬州市金阳光电缆有限公司	2022－9－5	已到货	梁永祥	

序号	项目内容	12月5日	12月6日	12月7日	12月8日	12月9日	12月10日	12月11日
1	储油柜及气体继电器等非电量二次线安装	■	■	■				
2	抽真空注油	■	■	■				
3	油位调整	■	■					
4	110kV 1号主变110kV母排及避雷器更换	■	■					
5	常规试验及高压试验				■	■	■	
6	110kV 1号主变35kV侧避雷器更换，1号主变引线制作	■	■					
7	1号主变引线接入							■

图 5 物资采购保障进度图

4. 严格按照检修方案开展现场作业，合理布置检修装备、主要设备材料及大型作业机械位置，全程依照《油浸式变压器（电抗器）检修细则》进行标准化作业。一次、二次、试验专业合理分工，全业务、全流程推进自主实施和全业务核心班组建设（见图6）。

图 6　主变压器更换标准化作业现场

5. 刚性执行"五级五控"要求，确保现场各项安全管控措施落到实处，公司领导、安监部、运检部、变电检修中心等到现场监督指导，严格把控现场安全关。

三　项目自主实施遇到的问题及解决措施

（一）存在的问题

多年实施的项目外委，检修班组施工工器具、装备配备不足。同时检修班组人员偏老龄化、人力资源不足，班组承载力和现场安全管控压力较大。

（二）解决措施

1. 针对工器具不足问题。变电检修中心全面梳理主变更换全流程自主实施所需要的仪器仪表及工器具，由公司运检部协调公司省管产业单位给予支持，借用施工过程中所需的电焊机、压接机、断线钳等工器具，有力保障了施工工程进度，确保自主实施项目顺利完成。

2. 针对人力资源缺乏问题。执行"老带新、老新结合"关键核心业务和非核心业务有所侧重原则。依托《变电现场作业风险管控实施细则》"一表一库"，按照设备现场检修流程提炼关键工序，综合考虑人身风险、工艺技术难度，对主变更换核心关键工序开展自主实施，由老师傅现场把控施工工艺及进度。对涉及非核心工序，由柔性团队年轻员工或外聘辅工来配合完成，统筹检修人员安排，解决班组人力资源不足、承载力大等问题。

四 项目自主实施的亮点

1. 全流程、全业务开展核心业务自主实施

变压器更换项目是变电检修Ⅰ类核心业务。选择该核心业务自主实施时，班组全流程、全业务参与，有力提升了班组全业务核心自主实施能力。

（1）全流程：从设备材料物料上报采购到到货验收，从变压器拆除到新主变就位、套管油枕等附件安装、真空注油、油位调整到交接试验，从现场勘查、施工方案编制到工作票等作业文本执行等全流程自主实施。

（2）全业务：包含一次设备、二次安装调试和交接试验等全专业，包含主变、流变更换、电容器新装等多设备，包含母排制作加工、线夹压接、抽真空注油等多技能，实现全业务自主实施，全技能业务提升。

2. 多专业协同、联合会审，强化现场安全管控

组织变电一二次各班组各专业对自主实施项目开展现场专项查勘，提前辨识此次项目的风险点，制定详细的风险预控措施和"三措一案"。由公司运检部组织安监部、调控中心、变电运维、变电检修等各部门开展会审，确保风险在控、能控、全控。按照"五级五控"要求，落实各级人员安全责任，加强吊车等大型机械施工安全，狠抓现场反违章，确保项目实施全过程现场无违章。

3. 现场攻关，提高解决问题能力

针对变压器上作业存在安全带低挂高用的问题，检修人员在查桥变 1 号主变更换等生产技改大修"自己干"工作中探索解决办法，同时借鉴隔离开关安全带挂架原理，研制了一种变压器平台上作业人员的安全带挂架，为变压器上的高处作业人员提供安全带挂点，减少了安全风险。

4. 技术传承，搭载青年员工技能培养平台

依托变电检修中心青年员工柔性团队，组织青年员工参与核心工序及关键环节，现场进行师带徒技艺传授（见图 7），对照设备现状、故障现象进行研究，

图 7　结合施工现场，对青年骨干开展教学

真正做到学以致用。项目实施结束后，对作业中的管理技术经验进行总结，修订变电检修作业指引，进一步提升一线班组技能水平，切实践行主业主责，掌握核心业务技能。

5. 总结提炼，"自己干"成效显著

通过"自己干"示范项目的实施，以干代练，在实战中员工技能水平得到了显著提升，激发了运检专业的技术、管理、人才优势，提高了变电检修专业综合技能水平和大型复杂工作组织能力，锤炼了队伍，全面完成全业务核心班组建设任务。在项目实施期间恰逢疫情封控，通过自主实施"自己干"最大限度降低了疫情对项目进度的影响，有效缩短了工期和电网风险时限。通过自主实施也达到了内增本领、外增效益的效果。该示范项目的实施，变电检修班组获得2022年度国网公司设备运检专业全业务核心班组建设"标杆班组"，同时荣获安徽省公司"工人先锋号"等荣誉称号。

国网安徽黄山区供电公司 10kV 城西 112 线等线路配电自动化开关改造

（黄山市黄山区供电公司）

一　项目基本情况

项目名称：国网安徽黄山区供电公司 10kV 城西 112 线等线路配电自动化开关改造。

项目内容：新增 45 台一二次融合柱上断路器。

开竣工时间：2022 年 5 月 12 日至 2022 年 12 月 20 日

本次作业内容：本次自主实施带电更换 10kV 汪家桥 118 线 124♯杆刘联支线断路器，支线改耐张，开断弓子线。

典型业务及等级划分：本次自主实施典型业务为"柱上开关安装、调试、维修"，根据设备计划〔2022〕86 号《国网设备部关于印发电网生产技改大修项目自主实施认定原则及业务分类清单的通知》，该项目自主实施业务难度属I类核心业务。

实施单位：黄山市黄山区供电公司。

二　项目实施情况

（一）前期组织情况

1. 自 2022 年技改大修项目"自己干"工作启动以后，黄山区公司高度重视、高位推进，鼓励各专业、各部门依托项目，大胆创新、积极实践。运检部精心准备、周密计划，以技改大修自主实施为契机，锻炼一批青年员工，提升人才队伍技能水平，进一步夯实班组高质量发展基础。

2. 为确保该项自主实施工作高质量完成，公司明确项目实施主体为黄山区供电公司运维检修部带电作业班，因黄山区公司带电作业班承载力不足以承接该项目的主体实施，为项目顺利实施开展，黄山区公司运维检修部积极协调供电所带电作业力量，成立带电作业柔性团队，同时充分发挥带电市县一体化协同作业优势，积极开展市公司及兄弟单位的互帮互助。为鼓励带电作业的推广应用，运维检修部制定一系列激励机制，对属地供电所进行配合加分，对自主实施团队中的青年员工进行员工档案积分激励措施，从而调动人员参与带电作业的积极性，使得该项目能扎实有效开展。

（二）实施过程描述

1. 2022年初，由黄山区公司运维检修部牵头，带电作业班会同属地单位，开展了配自断路器布点现场实地调研，并形成配自布点方案，初排了配自断路器安装计划。

2. 带电作业班综合现场作业条件和线路配自布点优先级等情况，结合人员承载力制订了详细可实施的安装方案。

3. 具体实施过程中，针对每个工作点再进行细致地现场勘察，形成专项方案，施工全过程由班组组织实施，从材料配备、材料运输等前期准备，到方案编制、工作票填写、现场安全、施工工艺把控等，全过程自主开展。这一过程有效锻炼了青年员工的专业技能（见图1）。

图1　配自断路器安装现场

三　项目自主实施遇到的问题及解决措施

（一）存在的问题

黄山区公司带电作业力量近年来虽然不断壮大，但在复杂的三类作业施工中，仍无法满足现场的安全管控、施工承载力需要，复杂证人员少、设备短缺依然是目前限制带电作业发展、阻碍技改大修"自己干"工作顺利开展的最大问题。

（二）解决措施

公司从长远考虑，通过项目立项完成黄山区公司第二辆绝缘斗臂车、旁路电缆车的采买；在施工需要人员协助时，公司层面积极协调市公司及其他兄弟单位带电作业人员协助，切实为项目的实施解决了后顾之忧。

四　项目自主实施的亮点

1. 依据现场安装条件，带电作业班牵头，统筹协调施工队伍，带电班组与其他施工班组同步开展，两条腿同时走，效率得到双倍提升。

2. 明确验收职责，配自开关的布点建设，需要带电作业班作为施工主体、运维检修部及属地单位作为设备主人、供电指挥中心作为应用主体共同验收，重效也重质。截止到 12 月中旬，国网安徽黄山区供电公司 10kV 城西 112 线等线路配电自动化改造项目在带电作业班牵头下稳步开展，通过明确验收职责，确保无增量配自缺陷，配自四遥功能得以充分应用。

3. 通过合理的配自布点，真正让线路的配自保护更健全，故障抢修更精准高效，停电范围进一步减少，切实保障了老百姓的生产、生活用电需要。

国网超高压公司 1000kV
特高压芜湖站 1000kV T032、T052
断路器合闸电阻气室改造

（国网安徽超高压分公司）

项目基本情况

项目名称：国网超高压公司 1000kV 特高压芜湖站 1000kV T032、T052 断路器合闸电阻气室改造。

项目内容：特高压芜湖站一期 8 台 1000kV 西开断路器合闸电阻气室设计不合理，易产生异物造成放电，严重威胁特高压电网的安全稳定运行。2020 年以来国网安徽超高压公司陆续开展以上设备的改造，2022 年依托《网安徽检修公司 1000kV 特高压芜湖站 1000kV T032、T052 断路器合闸电阻气室改造》技改项目，该项目投资 1310 万元，计划更换芜湖站 5 相 1000kV 西开断路器，由超高压公司独立自主实施。1000kV 组合电器更换工艺要求高、施工难度大、作业人数多、作业周期长，属于Ⅰ类核心业务。通过该项目的自主实施，有效提升变电检修/试验专业的业务能力。

开竣工时间：2022 年 2 月 10 日至 2022 年 10 月 30 日。

本次作业内容：断路器整体更换、闭锁逻辑测试、交接试验。

等级划分：Ⅰ类。

实施单位：国网安徽超高压分公司。

项目实施情况

为重点 1000kV 西开断路器更换平稳有序开展，实现检修质量、安全、进度目标，围绕现场作业风险管控主线，做好检修现场安全保障，超高压做足检修工作六项准备、四项安排。

（一）六项准备

1. 强化检修方案准备。针对芜湖站断路器更换现场作业环境复杂、高风险工序多，超高压公司严格按照变电倒闸操作和作业风险管控要求，做实做细现场勘察制度，编写断路器合闸电阻气室改造工程"三措一案"及工作票（见图 1），核实各作业面风险点和中高风险工序；组建超高压公司、安徽送变电、安徽电科院、西电西开厂家检修方案准备团队，完成断路器更换综合检修方案、专项吊装方案、主回路绝缘试验及局放测试方案、倒闸操作方案、技术监督方案的编审批工作。

国网安徽检修公司1000kV特高压芜湖站1000kVT032、T052断路器

合闸电阻气室改造

综合检修方案

编写：

审核：

批准：_____

2022 年 1 月 17 日

国网安徽省电力有限公司超高压分公司

国网安徽省电力有限公司变电第一种工作票

__1000kV特高压芜湖站__ 　变(配)电站　　编号：__省检修变电检修二班20221001014__

1. 工作负责人（监护人）：　　　　__杨光__　　　班组：变电检修二班、电气试验一班、西开电气、陕西冠笛、湖南湘江电力、通享顺吊装公司

2. 工作班成员（不包括工作负责人）：　　　　　　　　　　　　　　　共　__26__人

__程慧敏、袁露、李敏晖、刘伟、于森、张晓鹏、徐松涛、冯斌、王少龙、李朝晖、刘偑、康永红、蒋天矍、何天均、谢益春、于心慧、任元国、张鹏、庄路路、冀潇义、章根、许克双、刘明洋、朱家全、宋绍亮、李永保__

3. 工作任务：

设备双重名称及工作地点	工作内容
1000kV设备区：1号主变/湖安线T032开关处	T032开关A、B相气体回收、更换、气室清理、抽真空、充气、更换后试验，T032开关三相预防性试验、例行检修、防拒动排查
1000kV设备区：1号主变/湖安线T0321流变处	T0321流变A、B相配合闸刀更换气体回收、开罐、清理、抽真空、充气、T0321流变三相预防性试验、例行检修
1000kV设备区：1号主变/湖安线T0322流变处	T0322流变A、B相配合闸刀更换气体回收、开罐、清理、抽真空、充气、T0322流变三相预防性试验、例行检修
1000kV设备区：1号主变/湖安线T0321闸刀处	T0321闸刀A、B相气室配合断路器更换气体回收、充气及检测、试验，T0321闸刀三相预防性试验、例行检修
1000kV设备区：1号主变/湖安线T0322闸刀处	T0322闸刀A、B相气室配合断路器更换气体回收、充气及检测、试验，T0322闸刀三相预防性试验、例行检修
1000kV设备区：1000kV第三串2号汇控柜处	T032开关A、B相更换后试验，T032开关三相预防性试验、例行检修、防拒动排查
1000kV设备区：1号主变高压侧出线套管处	1号主变高压侧出线套管A、B相引出线、人字线及反弓线拆除、复装
1000kV设备区：1号主变高压侧压变处	1号主变高压侧压变A、B相引线及本体拆除、复装，复装后试验、三相预防性试验、例行检修
1000kV设备区：1号主变T0311流变处	T0311流变预防性试验、例行检修
1000kV设备区：1号主变T031开关处	T031开关预防性试验、例行检修、防拒动排查
1000kV设备区：1000kV第三串1号汇控柜处	T031开关预防性试验、例行检修、防拒动排查
1000kV设备区：1号主变T0312流变处	T0312流变预防性试验、例行检修
1000kV设备区：1号主变T0312闸刀处	T0312闸刀预防性试验、例行检修
1000kV设备区：1号主变T03127接地闸刀处	T03127接地闸刀预防性试验、例行检修
1000kV设备区：1号主变T03167接地闸刀处	T03167接地闸刀预防性试验、例行检修
1000kV设备区：1号主变/湖安线T03217接地闸刀处	T03217接地闸刀预防性试验、例行检修
1000kV设备区：1号主变/湖安线T03227接地闸	T03227接地闸刀预防性试验、例行检修

设备双重名称及工作地点	工作内容
刀处	
1000kV设备区：湖安线T03367接地闸刀处	T03367接地闸刀预防性试验、例行检修
1000kV设备区：湖安线T0331闸刀处	T0331闸刀预防性试验、例行检修
1000kV设备区：湖安线T03317接地闸刀处	T03317接地闸刀预防性试验、例行检修
1000kV设备区：湖安线T0331流变处	T0331流变预防性试验、例行检修
1000kV设备区：湖安线T033开关处	T033开关预防性试验、例行检修、防拒动排查
1000kV设备区：1000kV第三串2号汇控柜处	T033开关预防性试验、例行检修、防拒动排查
1000kV设备区：湖安线T0332流变处	T0332流变预防性试验、例行检修

4. 计划工作时间：　　　自　　　　2022年10月01日08时00分

　　　　　　　　　　　　　至　　　　2022年10月14日20时00分

5. 安全措施

(1)应拉断路器（开关）、隔离开关（刀闸）和熔丝（注明编号）	已执行
拉开T031、T032、T033、5011、5012、1101、1102开关；	√
拉开T0311、T0312、T0321、T0322、T0331、T0332、50111、50112、50121、50122、11011、11021、11001闸刀；	√
断开T031、T032、T033开关储能电源空气开关	√
断开T031、T032、T033开关操作电源空气开关	√
断开T0311、T0312、T0321、T0322、T0331、T0332、50111、50112、50121、50122、11011、11021、11001闸刀电机电源空气开关	√
断开T0311、T0312、T0321、T0322、T0331、T0332、50111、50112、50121、50122、11011、11021、11001闸刀控制电源空气开关	√
断开1号主变高压侧压变二次电压空气开关	√
断开1号主变中压侧压变二次电压空气开关	√
断开1号主变低压侧压变二次电压空气开关	√
断开1号主变三相冷控电源空气开关	√
断开1号主变调压补偿变三相调压机构箱内有载调压电机电源空气开关	√
断开湖安Ⅰ线压变二次电压空气开关	√
断开湖安Ⅰ线高抗三相冷控电源空气开关	√

2)应装接地线、应合接地刀闸、装设隔板（套筒）（注明确实地点名称编号）

装设地点和接地刀闸名称	编号	已执行
合上T03117接地闸刀	T03117	√
合上T03127接地闸刀	T03127	√
合上T03167接地闸刀	T03167	√
合上T03217接地闸刀	T03217	√
合上T03227接地闸刀	T03227	√
合上T03367接地闸刀	T03367	√
合上T03317接地闸刀	T3317	√

装设地点和接地刀闸名称	编号	已执行
合上T03327接地闸刀	T03327	√
合上501167接地闸刀	501167	√
合上11017接地闸刀	11017	√
在1号主变高压侧反弓线处装设三相短路接地线一组	1000kV3号接地线	√
在湖安I线GIS出线套管处装设三相短路接地线一组	1000kV4号接地线	√

（3）应设遮拦 、应接标示牌及防止二次回路误碰等措施 （注明确实地点名称 、数量）

应装设地点和名称	数量	已执行
在T031、T032、T033开关及1000kV第三串1号、2号汇控柜，T0311、T0312、T0321、T0322、T0331、T0332流变、T0312、T0321、T0322、T0331闸刀，T03127、T03217、T03227、T03317、T03167、T03367接地闸刀，1号主变高压侧出线套管，1号主变高压侧压变工作地点处悬挂"在此工作！"标示牌；	65块	√
在上述工作地点四周设置安全围栏；	1处	√
在上述围栏四周向内悬挂"止步，高压危险！"标示牌；	23块	√
在上述围栏出入口处两侧悬挂"从此进出！"标示牌；	2块	√
在T031、T032、T033、5011、5012、1101、1102开关操作把手，T0311、T0312、T0321、T0322、T0331、T0332、50111、50112、50121、50122、11011、11021、11001闸刀操作把手上悬挂"禁止合闸，有人工作！"标示牌；	20块	√
在1号主变高压侧压变二次电压空气开关、1号主变中压侧压变二次电压空气开关、1号主变低压侧压变二次电压空气开关、1号主变三相冷控电源空气开关、1号主变调压补偿变三相调压机构箱内有载调压电机电源空气开关、湖安I线压变二次电压空气开关、湖安I线高抗三相冷控电源空气开关上悬挂"禁止合闸，有人工作！"标示牌；	11块	√
在监控机显示屏T031、T032、T033、5011、5012、1101、1102开关、T0311、T0312、T0321、T0322、T0331、T0332闸刀、50111、50112、50121、50122、11011、11021、11001闸刀操作处设置"禁止合闸，有人工作！"标记；	20处	√
在工作地点四周相邻带电设备构架上悬挂"禁止攀登，高压危险！"标示牌。	12块	√

*已执行栏目、接地线编号栏由工作许可人填写

（4）工作地点保留带电部位或注意事项，补充工作地点保留带电部分和补充安全措施

工作地点保留带电部位或注意事项(由工作票签发人填写)	补充工作地点保留带电部分和补充安全措施(由工作许可人填写)
1、相邻第二串及第四串1000kVGIS及出线套管带电运行，1000kVI母及1000kVII母带电运行，T0311、T0332闸刀静触头带电，50112、50121闸刀动触头视为带电，11011、11021、11001闸刀动触头视为带电，工作中加强监护，避免误入带电间隔工作；	无

工作地点保留带电部位或注意事项(由工作票签发人填写)	补充工作地点保留带电部分和补充安全措施(由工作许可人填写)
2、相邻湖安Ⅱ线及湖泉Ⅰ线压变、避雷器、GIS套管出线带电,工作人员注意与上述1000kV设备带电部位保持不小于8.7m的安全距离,施工车辆不小于13米。	
3、登高作业打好安全带,安全带应打在牢固的部位上,禁止打在瓷瓶上,安全带应高挂低用。	
4、做好疫情防控措施,若有疑似症状人员,应及时进行就诊。	

工作票签发人签名: 程慧敏   签发日期: 2022年09月30日16时30分

6.收到工作票时间: 2022年09月30日17时00分

值班负责人签名 :   尤学兵   工作负责人签名 :   杨光

7.确认本工作票1至7项

许可方式	工作许可人	工作负责人	许可工作(或开工)时间
当面	陈明阳	杨光	2022年 10月01日 17时 28分

8. 确认工作负责人布置的任务和安全措施

工作班组人员签名:

程慧敏、袁露、李敏晖、刘伟、王森、张晓鹏、徐松涛、冯斌、王少龙、李朝晖、刘佩、康永红、蒋天蜀、何天均、谢益春、王心慧、任元国、张鹏、庄路路、冀满义、童根、许克双、刘明洋、朱家全、宋绍亮、李永保

9. 人员变更

9.1工作负责人变动情况: 原工作负责人 _____ 离去,变更 _____ 为工作负责人

变更时间: ____年 月 日 时 分   工作票签发人: _____

9.2工作人员变动情况

新增人员	姓名					
	变更时间	日 时 分	日 时 分	日 时 分	日 时 分	日 时 分
离开人员	姓名					
	变更时间	日 时 分	日 时 分	日 时 分	日 时 分	日 时 分

工作负责人(签名) _____

10. 工作票延期

有效期延长到 _____ 年 月 日 时 分

工作负责人签名: _____   年 月 日 时 分

工作许可人签名: _____   年 月 日 时 分

11.开工和收工时间

收工时间	工作负责人	工作许可人	开工时间	工作许可人	工作负责人

月 日 时 分			月 日 时 分	
月 日 时 分			月 日 时 分	
月 日 时 分			月 日 时 分	
月 日 时 分			月 日 时 分	
月 日 时 分			月 日 时 分	
月 日 时 分			月 日 时 分	
月 日 时 分			月 日 时 分	
月 日 时 分			月 日 时 分	
月 日 时 分			月 日 时 分	
月 日 时 分			月 日 时 分	
月 日 时 分			月 日 时 分	
月 日 时 分			月 日 时 分	

12. 工作结束： 设备及安全措施已恢复至开工前状态，工作人员已全部撤离，材料工具

场地已清理完毕，工作已终结

报告方式	工作负责人	工作许可人	终结报告（或结束）时间
当面	杨光	李淑心	2022年10月14日14时41分

13. 工作票终结： 临时遮拦、标示牌已拆除，常设遮拦已恢复

接地线编号　　T03117、T03127、T03167、T03217、T03227、T03367、T03317、T03327、501167、1101

等共　　贰　　组、接地刀闸（小车）共　　　拾　　　副（台）未拆除或未拉开，

7、1000kV3号接地线、1000kV4号接到线

已汇报调度由操作员拆除　　　工作许可人签名： 李淑心　　2022年10月14日14时45分

14. 备注

（1）专责监护人情况

专责监护人姓名	监护地点	监护具体工作

（2）其他注意事项

_____

_____

_____

_____

章：

国网安徽省电力有限公司变电第一种工作票

1000kV特高压芜湖站	变(配)电站	编号：	省检修变电检修二班20220408019

1. 工作负责人（监护人）：　　　杨光　　　　　　班组：变电检修二班、电气试验一班、湖南湘江电力、西开电气

2. 工作班成员（不包括工作负责人）：　　　　　　　　　　　　　　　共　　30　人

徐鹏、王夕琛、蒋天蜀、周明德、陈科、杨鹏、张威伟、杨从红、张龙琦、肖正延、谢毛和、吴家培、王森、李朝晖、季超、赵彦普、李鹏飞、张滨、赵徽、张龙、沈长飞、陈斌、胡光凤、李超、刘辉、胡鹏，有限空间作业人员：张强、马少波；有限空间地上监护人员：沈淼、段明伟

3. 工作任务：

设备双重名称及工作地点	工作内容
1000kV设备区：湖泉线/淮芜线T052开关处（涉及有限空间作业）	T052开关灭弧室及合闸电阻气室气体回收、更换、气室清理、抽真空、充气、更换后试验，T052开关预防性试验、例行检修、防拒动排查
1000kV设备区：湖泉线/淮芜线T0521流变处	T0521流变配合开关更换气体回收、开罐、清理、抽真空、充气、T0521流变预防性试验、例行检修
1000kV设备区：湖泉线/淮芜线T0522流变处	T0522流变配合开关更换气体回收、开罐、清理、抽真空、充气、T0522流变预防性试验、例行检修
1000kV设备区：湖泉线/淮芜线T0521闸刀处	T0521闸刀气室配合开关更换气体回收、充气及检测、试验，T0521闸刀预防性试验、例行检修
1000kV设备区：湖泉线/淮芜线T0522闸刀处	T0522闸刀气室配合开关更换气体回收、充气及检测、试验，T0522闸刀预防性试验、例行检修
1000kV设备区：1000kV第五串2号汇控柜处	T052开关更换后试验，T052开关预防性试验、例行检修、防拒动排查
1000kV设备区：1000kV湖泉II线GIS出线套管处	1000kV湖泉II线GIS出线套管引出线、人字线及反弓线拆除、复装
1000kV设备区：1000kV湖泉II线压变处	1000kV湖泉II线压变跨路管母拆除、复装、预防性试验、例行检修
1000kV设备区：1000kV湖泉II线避雷器处	1000kV湖泉II线避雷器本体拆除、跨路管母拆除、复装、复装后预防性试验、例行检修
1000kV设备区：1000kV湖泉线T0511流变处	T0511流变预防性试验、例行检修
1000kV设备区：1000kV湖泉线T051开关处	T051开关预防性试验、例行检修、防拒动排查
1000kV设备区：1000kV第五串1号汇控柜处	T051开关预防性试验、例行检修、防拒动排查
1000kV设备区：1000kV湖泉线T0512流变处	T0512流变预防性试验、例行检修
1000kV设备区：1000kV湖泉线T0512闸刀处	T0512闸刀预防性试验、例行检修
1000kV设备区：1000kV湖泉线T05127接地闸刀处	T05127接地闸刀预防性试验、例行检修
1000kV设备区：1000kV湖泉线T05167接地闸刀处	T05167接地闸刀预防性试验、例行检修

设备双重名称及工作地点	工作内容
1000kV设备区：湖泉线/淮芜线T05217接地闸刀处	T05217接地闸刀预防性试验、例行检修
1000kV设备区：湖泉线/淮芜线T05227接地闸刀处	T05227接地闸刀预防性试验、例行检修
1000kV设备区：1000kV淮芜线T05367接地闸刀处	T05367接地闸刀预防性试验、例行检修
1000kV设备区：1000kV淮芜线T0531闸刀处	T0531闸刀预防性试验、例行检修
1000kV设备区：1000kV淮芜线T05317接地闸刀处	T05317接地闸刀预防性试验、例行检修
1000kV设备区：1000kV淮芜线T0531流变处	T0531流变预防性试验、例行检修
1000kV设备区：1000kV淮芜线T053开关处	T053开关预防性试验、例行检修、防拒动排查
1000kV设备区：1000kV第五串2号汇控柜处	T053开关预防性试验、例行检修、防拒动排查
1000kV设备区：1000kV淮芜线T0532流变处	T0532流变预防性试验、例行检修

4. 计划工作时间： 自 ___2022年04月10日08时00分___
　　　　　　　　　至 ___2022年04月30日18时00分___

5. 安全措施

(1)应拉断路器（开关）、隔离开关（刀闸）和熔丝（注明编号）	已执行
拉开T051、T052、T053开关	√
拉开T0511、T0512、T0521、T0522、T0531、T0532闸刀	√
断开T051、T052、T053开关储能电源空气开关	√
断开T051、T052、T053开关操作电源空气开关	√
断开T0511、T0512、T0521、T0522、T0531、T0532闸刀电机电源空气开关	√
断开T0511、T0512、T0521、T0522、T0531、T0532闸刀控制电源空气开关	√
断开湖泉II线压变二次电压空气开关	√
断开淮芜I线压变二次电压空气开关	√
断开淮芜I线高抗三相冷控电源空气开关	√

2)应装接地线、应合接地刀闸、装设隔板（套筒）（注明确实地点名称编号）

装设地点和接地刀闸名称	编号	已执行
合上T05117接地闸刀	T05117	√
合上T05127接地闸刀	T05127	√
合上T05167接地闸刀	T05167	√
合上T05217接地闸刀	T05217	√
合上T05227接地闸刀	T05227	√
合上T05367接地闸刀	T05367	√
合上T05317接地闸刀	T05317	√
合上T05327接地闸刀	T05327	√
在淮芜I线GIS出线套管处装设三相短路接地线一组	1000kV1号	√

装设地点和接地刀闸名称	编号	已执行
	接地线	
在湖泉II线GIS出线套管处装设三相短路接地线一组	1000kV 2号接地线	√
在湖泉II线出线侧反弓线处装设三相短路接地线一组	1000kV 3号接地线	√

(3)应设遮拦 、应接标示牌及防止二次回路误碰等措施 （注明确实地点名称 、数量）

应装设地点和名称	数量	已执行
在T051、T052、T053开关及1000kV第五串1号、2号汇控柜，T0511、T0512、T0521、T0522、T0531、T0532流变，T0512、T0521、T0522、T0531闸刀，T05127、T05217、T05227、T05317、T05167、T05367接地刀闸，1000kV湖泉II线GIS出线套管，1000kV湖泉II线压变，1000kV湖泉II线避雷器工作地点处悬挂"在此工作！"标示牌；	68块	√
在上述工作设备四周设置安全围栏；	2处	√
在上述围栏四周向内悬挂"止步，高压危险！"标示牌；	40块	√
在上述围栏出入口处悬挂"从此进出！"标示牌；	4块	√
在T051、T052、T053开关操作把手，T0511、T0512、T0521、T0522、T0531、T0532闸刀操作把手上悬挂"禁止合闸，有人工作！"标示牌；	9块	√
在湖泉II线压变二次电压空气开关、淮芜I线压变二次电压空气开关、淮芜I线高抗三相冷控电源空气开关上悬挂"禁止合闸，有人工作！"标示牌；	5块	√
在监控机显示屏T051、T052、T053开关、T0511、T0512、T0521、T0522、T0531、T0532闸刀操作处设置"禁止合闸，有人工作！"标记；	9块	√
在工作地点四周相邻带电设备构架上悬挂"禁止攀登，高压危险！"标示牌。	18块	√

*已执行栏目、接地线编号栏目由工作许可人填写

(4)工作地点保留带电部位或注意事项 ,补充工作地点保留带电部位和补充安全措施

工作地点保留带电部位或注意事项(由工作票签发人填写)	补充工作地点保留带电部分和补充安全措施(由工作许可人填写)
1、T052断路器灭弧室及合闸电阻气室清理涉及有限空间作业，进罐前应采取专用通风设备至少通风30分钟，通风完成后，检测氧气含量不低于20%，有害气体含量合格，人员进入有限空间作业时，保持通信畅通，保持送风设备不间断工作，每2小时测量一次氧气及有害气体含量；	无
2、相邻第四串及第六串1000kVGIS及出线套管带电运行，1000kVI母及1000kVII母带电运行，T0511、T0532闸刀静触头带电，工作中加强监护，避免误入带电间隔工作；	
3、相邻湖泉I线及淮芜II线压变、避雷器、GIS出线套管带电，工作人员注意与上述1000kV设备带电	

工作地点保留带电部位或注意事项（由工作票签发人填写 ）	补充工作地点保留带电部分和补充安全措施（由工作许可人填写 ）
部位保持不小于8.7m的安全距离，施工车辆不小于13米；	
4、登高作业打好安全带，安全带应打在牢固的部位上，禁止打在瓷瓶上，安全带应高挂低用；	
5、做好疫情防控措施，严格执行公司及芜湖站常态化防疫管控要求。	

工作票签发人签名：　　**程慧敏**　　　　　　签发日期：　　2022年04月08日08时46分

6.收到工作票时间：　2022年04月09日18时28分

值班负责人签名：　　**尤学兵**　　　　　　工作负责人签名：　　**杨光**

7.确认本工作票1至7项

许可方式	工作许可人	工作负责人	许可工作（或开工）时间
电话	尤学兵	杨光	2022年 04月 10日 11时 50分

8.确认工作负责人布置的任务和安全措施

工作班组人员签名：

徐鹏、王夕琛、蒋天蜀、周明德、陈科、杨鹏、张威伟、杨从红、张龙琦、肖正延、谢毛和、吴家培、王森、李朝晖、季超、赵彦普、李鹏飞、张滨、赵微、张龙、沈长飞、陈斌、胡光凤、李超、刘辉、胡鹏，有限空间作业人员：张强、马少波；有限空间地上监护人员：沈淼、段明伟

9.人员变更

9.1工作负责人变动情况：　原工作负责人　　　　　　离去，变更　　　　　　为工作负责人

变更时间：　　　年　　月　　日　　时　　分　　　　工作票签发人：　　　　　　

9.2工作人员变动情况

新增人员	姓名	李勇	李建坤	汪建业	王号杰	谢益春
	变更时间	13日07时22分	14日07时30分	14日09时00分	16日08时00分	16日08时00分
离开人员	姓名	胡鹏	陈斌、李建坤	杨从红	王号杰	
	变更时间	11日13时19分	18日14时50分	18日14时50分	18日14时50分	日　 时　 分

工作负责人（签名）　　　**杨光**

10.工作票延期

有效期延长到　　　　　　年　月　日　时　分

工作负责人签名：　　　　　　　　　　　年　月　日　时　分

工作许可人签名：　　　　　　　　　　　年　月　日　时　分

11.开工和收工时间

收工时间	工作负责人	工作许可人	开工时间	工作许可人	工作负责人
04月10日21时30分	杨光	尤学兵	04月11日07时20分	尤学兵	杨光
04月11日19时30分	杨光	尤学兵	04月12日07时22分	尤学兵	杨光
	赵巨龙			赵巨龙	

04月12日18时40分	杨光		04月13日07时20分		杨光
04月13日19时00分	杨光	赵巨龙	04月14日07时22分	赵巨龙	杨光
04月14日17时53分	杨光	夏友森	04月15日07时23分	陈明阳	杨光
04月15日18时10分	杨光	陈明阳	04月16日07时28分	陈明阳	杨光
04月16日18时00分	杨光	夏友森	04月17日07时28分	夏友森	杨光
04月17日16时20分	杨光	夏友森	04月18日08时05分	夏友森	杨光
04月18日10时57分	杨光	夏友森	04月19日12时50分	尤学兵	杨光
04月19日14时55分	杨光	尤学兵	月 日 时 分		
月 日 时 分			月 日 时 分		
月 日 时 分			月 日 时 分		

12. 工作结束：　设备及安全措施已恢复至开工前状态，工作人员已全部撤离，材料工具
场地已清理完毕，工作已终结

报告方式	工作负责人	工作许可人	终结报告（或结束)时间
电话	杨光	杨娇娇	2022年04月21日08时42分

13. 工作票终结：　临时遮拦、标示牌已拆除，常设遮拦已恢复

接地线编号　　T05117、T05127、T05167、T05217、T05227、T05367、T05317、T05327、1000kV1号接
地线、1000kV2号接地线、1000kV3号接地线

等共　　叁　　组、接地刀闸（小车)共　　　捌　　　副(台) 未拆除或未拉开，

已汇报调度由操作员拆除　　工作许可人签名：　杨娇娇　　　2022年04月21日08时48分

14. 备注

（1）专责监护人情况

专责监护人姓名	监护地点	监护具体工作

（2）其他注意事项

1、有限空间安全措施执行情况：①人员经过有限空间作业专项安全措施；②现场配备经检测合格的气体检测设备，照明设备及个人防护用品；③进入T052开关灭弧室及合闸电阻气室前，应采取专用通风设备至少通风30分钟；④通风完成后，检测T052开关灭弧室及合闸电阻气室内氧气含量不低于20%，有毒气体含量合格；⑤人员进入T052开关灭弧室及合闸电阻气室进行消毒工作时，保护送风设备不间断工作，每2小时检测含氧量和有毒气体含量合格；⑥作业人员应定时轮换，防止长时间作业出现异常；⑦因故间断作业超过30分钟，应重新检测氧气含量和有毒气体含量；⑧如工作需要，人员应佩戴正压式呼吸器进入罐体

章：

国网安徽省电力有限公司变电第一种工作票

__1000kV特高压芜湖站__ 变(配)电站　　编号：__省检修变电检修二班20220509001__

1. 工作负责人（监护人）：　　　　__杨光__　　　　　班组：变电检修二班、电气试验一班、湖南湘江电力、西开电气

2. 工作班成员（不包括工作负责人 ）：　　　　　　　　　　　　共　__28__人

徐鹏、戴佳琳、陈草军、周宫考、蒋天鼍、周明德、陈科、张威伟、杨从红、王号杰、谢益春、张龙琦、肖正延、谢毛和、吴家培、王淼、李朝晖、李鹏飞、张滨、张强、马少波、汝淼、段明伟、汝长飞、陈斌、李建坤、李建奎、汪记笑

3. 工作任务：

设备双重名称及工作地点	工作内容
1000kV设备区：湖泉线/淮芜线T052开关处	T052开关预防性试验、例行检修、防拒动排查
1000kV设备区：湖泉线/淮芜线T0521流变处	T0521流变预防性试验、例行检修
1000kV设备区：湖泉线/淮芜线T0522流变处	T0522流变预防性试验、例行检修
1000kV设备区：湖泉线/淮芜线T0521闸刀处	T0521闸刀预防性试验、例行检修
1000kV设备区：湖泉线/淮芜线T0522闸刀处	T0522闸刀预防性试验、例行检修
1000kV设备区：1000kV第五串2号汇控柜处	T052开关预防性试验、例行检修、防拒动排查
1000kV设备区：1000kV湖泉II线GIS出线套管处	1000kV湖泉II线GIS出线套管引出线、人字线及反弓线复装
1000kV设备区：1000kV湖泉II线压变处	1000kV湖泉II线压变跨路管母复装、预防性试验、例行检修
1000kV设备区：1000kV湖泉II线避雷器处	1000kV湖泉II线避雷器本体复装、跨路管母复装、复装后预防性试验、例行检修
1000kV设备区：1000kV湖泉线T0511流变处	T0511流变预防性试验、例行检修
1000kV设备区：1000kV湖泉线T051开关处	T051开关预防性试验、例行检修、防拒动排查
1000kV设备区：1000kV第五串1号汇控柜处	T051开关预防性试验、例行检修、防拒动排查
1000kV设备区：1000kV湖泉线T0512流变处	T0512流变预防性试验、例行检修
1000kV设备区：1000kV湖泉线T0512闸刀处	T0512闸刀预防性试验、例行检修
1000kV设备区：1000kV湖泉线T05127接地闸刀处	T05127接地闸刀预防性试验、例行检修
1000kV设备区：1000kV湖泉线T05167接地闸刀处	T05167接地闸刀预防性试验、例行检修
1000kV设备区：湖泉线/淮芜线T05217接地闸刀处	T05217接地闸刀预防性试验、例行检修
1000kV设备区：湖泉线/淮芜线T05227接地闸刀处	T05227接地闸刀预防性试验、例行检修
1000kV设备区：1000kV淮芜线T05367接地闸刀处	T05367接地闸刀预防性试验、例行检修
1000kV设备区：1000kV淮芜线T0531闸刀处	T0531闸刀预防性试验、例行检修

设备双重名称及工作地点	工作内容
1000kV设备区：1000kV淮芜线T05317接地闸刀处	T05317接地闸刀预防性试验、例行检修
1000kV设备区：1000kV淮芜线T0531流变处	T0531流变预防性试验、例行检修
1000kV设备区：1000kV淮芜线T053开关处	T053开关预防性试验、例行检修、防拒动排查
1000kV设备区：1000kV第五串2号汇控柜处	T053开关预防性试验、例行检修、防拒动排查
1000kV设备区：1000kV淮芜线T0532流变处	T0532流变预防性试验、例行检修

4.计划工作时间：　自　　2022年05月10日08时00分

　　　　　　　　　至　　2022年05月20日18时00分

5.安全措施

(1)应拉断路器（开关）、隔离开关（刀闸）和熔丝（注明编号）	已执行
拉开T051、T052、T053开关	√
拉开T0511、T0512、T0521、T0522、T0531、T0532闸刀	√
断开T051、T052、T053开关储能电源空气开关	√
断开T051、T052、T053开关操作电源空气开关	√
断开T0511、T0512、T0521、T0522、T0531、T0532闸刀电机电源空气开关	√
断开T0511、T0512、T0521、T0522、T0531、T0532闸刀控制电源空气开关	√
断开湖泉II线压变二次电压空气开关	√
断开淮芜I线压变二次电压空气开关	√
断开淮芜I线高抗三相冷控电源空气开关	√

2)应装接地线、应合接地刀闸、装设隔板（套筒）（注明确实地点名称编号）

装设地点和接地刀闸名称	编号	已执行
合上T05117接地闸刀	T05117	√
合上T05127接地闸刀	T05127	√
合上T05167接地闸刀	T05167	√
合上T05217接地闸刀	T05217	√
合上T05227接地闸刀	T05227	√
合上T05367接地闸刀	T05367	√
合上T05317接地闸刀	T05317	√
合上T05327接地闸刀	T05327	√
在淮芜I线GIS出线套管处装设三相短路接地线一组	1000KV1号接地线	√
在湖泉II线GIS出线套管处装设三相短路接地线一组	1000KV2号接地线	√
在湖泉II线出线侧反弓线处装设三相短路接地线一组	1000KV3号接地线	√

(3)应设遮拦、应接标示牌及防止二次回路误碰等措施（注明确实地点名称、数量）

应装设地点和名称	数量	已执行
在T051、T052、T053开关及1000kV第五串1号、2号汇控柜，T0511、T0512、T0521、T0522、T0531、T0532流变，T0512、T0521、T0522、T0531闸刀，T05127、T05217、T05227、T05317、T05167、T05367接地闸刀，1000kV湖泉II线GIS出线套管，1000kV湖泉II线压变，1000kV湖泉II线避雷器工作地点处悬挂"在此工作！"标示牌；	68块	√
在上述工作设备四周设置安全围栏；	2处	√
在上述围栏四周向内悬挂"止步，高压危险！"标示牌；	40块	√
在上述围栏出入口处悬挂"从此进出！"标示牌；	4块	√
在T051、T052、T053开关操作把手，T0511、T0512、T0521、T0522、T0531、T0532闸刀操作把手上悬挂"禁止合闸，有人工作！"标示牌；	9块	√
在湖泉II线压变二次电压空气开关、淮芜I线压变二次电压空气开关、淮芜I线高抗三相冷控电源空气开关上悬挂"禁止合闸，有人工作！"标示牌；	5块	√
在监控机显示屏T051、T052、T053开关、T0511、T0512、T0521、T0522、T0531、T0532闸刀操作处设置"禁止合闸，有人工作！"标记；	9块	√
在工作地点四周相邻带电设备构架上悬挂"禁止攀登，高压危险！"标示牌。	18块	√

*已执行栏目、接地线编号栏目由工作许可人填写

(4) 工作地点保留带电部位或注意事项，补充工作地点保留带电部位和补充安全措施

工作地点保留带电部位或注意事项（由工作票签发人填写）	补充工作地点保留带电部分和补充安全措施（由工作许可人填写）
1、相邻第四串及第六串1000kVGIS及出线套管带电运行，1000kV I 母及1000kV II 母带电运行，T0511、T0532闸刀静触头带电，工作中加强监护，避免误入带电间隔工作；	无
2、相邻湖泉I线及淮芜II线压变、避雷器、GIS出线套管带电，工作人员注意与上述1000kV设备带电部位保持不小于8.7m的安全距离，施工车辆不小于13米；	
3、登高作业打好安全带，安全带应打在牢固的部位上，禁止打在瓷瓶上，安全带应高挂低用；	
4、做好疫情防控措施，严格执行公司及芜湖站常态化防疫管控要求。	

工作票签发人签名： 程慧敏　　　　　　　签发日期： 2022年05月09日08时52分

6. 收到工作票时间： 2022年05月10日09时48分

值班负责人签名： 尤学兵　　　　　　　工作负责人签名： 杨光

7. 确认本工作票1至7项

许可方式	工作许可人	工作负责人	许可工作（或开工）时间
电话	杨娇娇	杨光	2022年 05月 11日 09时 07分

8. 确认工作负责人布置的任务和安全措施

工作班组人员签名：

徐鹏、戴佳琳、陈草军、周宣考、蒋天蜀、周明德、陈科、张威伟、杨从红、王号杰、谢益春、张龙琦、肖正延、谢毛和、吴家培、王森、李朝晖、李鹏飞、张滨、张强、马少波、沈淼、段明伟、沈长飞、陈斌、李建坤、李建奎、汪记笑

9. 人员变更

9.1 工作负责人变动情况：　　原工作负责人 ＿＿＿＿＿＿＿＿ 离去，变更 ＿＿＿＿＿＿＿＿ 为工作负责人

变更时间：　　　年　月　日　时　分　　　工作票签发人：＿＿＿＿＿＿＿＿

9.2 工作人员变动情况

新增人员	姓名	程慧敏	李利元			
	变更时间	14日07时35分	14日10时08分	日　时　分	日　时　分	日　时　分
离开人员	姓名	张威伟	沈长飞、李建奎	谢益春、谢毛和	李利元、张龙琦	陈草军、周宣考
	变更时间	12日13时00分	13日14时40分	15日08时35分	15日08时35分	15日08时35分

工作负责人(签名) ＿＿＿＿＿ 杨光 ＿＿＿＿＿

10. 工作票延期

有效期延长到 ＿＿＿＿＿＿ 年　月　日　时　分

工作负责人签名：＿＿＿＿＿＿＿＿ 年　月　日　时　分

工作许可人签名：＿＿＿＿＿＿＿＿ 年　月　日　时　分

11. 开工和收工时间

收工时间	工作负责人	工作许可人	开工时间	工作许可人	工作负责人
05月10日18时35分	杨光	陈明阳	05月11日07时22分	陈明阳	杨光
05月11日18时40分	杨光	陈明阳	05月12日07时28分	尤学兵	杨光
05月12日17时46分	杨光	夏友森	05月13日07时37分	夏友森	杨光
05月13日17时50分	杨光	夏友森	05月14日07时30分	夏友森	杨光
05月14日18时33分	杨光	赵巨龙	05月15日08时34分	赵巨龙	杨光
月　日　时　分			月　日　时　分		
月　日　时　分			月　日　时　分		
月　日　时　分			月　日　时　分		
月　日　时　分			月　日　时　分		
月　日　时　分			月　日　时　分		
月　日　时　分			月　日　时　分		
月　日　时　分			月　日　时　分		

12. 工作结束：

设备及安全措施已恢复至开工前状态，工作人员已全部撤离，材料工具场地已清理完毕，工作已终结

报告方式	工作负责人	工作许可人	终结报告（或结束)时间
电话	杨光	杨娇娇	2022年05月15日11时38分

13. 工作票终结：

临时遮拦、标示牌已拆除，常设遮拦已恢复

接地线编号 T05117、T05127、T05167、T05217、T05227、T05367、T05317、T05327、1000kV1号接地线、1000kV2号接地线、1000kV3号接地线

等共 <u>叁</u> 组、接地刀闸（小车）共 <u>捌</u> 副（台）未拆除或未拉开，

已汇报调度由操作员拆除　　工作许可人签名： 杨娇娇　　2022年05月15日11时45分

14. 备注

（1）专责监护人情况

专责监护人姓名	监护地点	监护具体工作

（2）其他注意事项

_____

_____

_____

_____

章：

图 1　断路器合闸电阻气室改造工程"三措一案"及工作票

2. 做好人员进场准备。落实双准入要求，强化企业资质和业务能力审查，切实做好特种作业资质入场审查。提前完成芜湖站断路器更换工作所有作业人员准入手续办理，针对高风险工序作业人员、特种作业人员、首次参检人员、厂家外来人员，差异化开展 3 轮安全教育培训，落实工作负责人、管理人员安全考核，摸底风险点、安全措施、工作内容掌握情况。

3. 做足倒闸操作准备。组织超高压公司提前完成停送电操作票的编审批，落实监护、复诵等"八要八步"要求，明确倒闸操作人员排班，制定倒闸管理人员到岗到位表，实现安全监督无死角。开展倒闸操作仿真系统模拟演练，提升倒闸操作安全水平和工作质效。

4. 严控物资机具准备。组织超高压公司、安徽送变电、安徽电科院、西电西开厂家全面核实所需物资机具，做实设备监造、运输、验收等监管流程，清点物资到货数量，核查仪器、特种设备、安全工器具的检验证书，完成现场到货和清点核查。

5. 严抓疫情防控准备。总结近年以来各类大型作业现场的疫情防控经验，编制疫情防控专项方案，做好防疫物资储备，筑牢"进站前、首次进站、每日进站"三道疫情防线，结合疫情形势，差异化制订管控方案。

6. 做实技术监督准备。组织超高压公司、电科院做好断路器更换期间专项试验工作，审查检修方案确保技术准备完善，监督安装调试过程确保工艺执行到

位、问题闭环及时，诊断分析设备更换过程中存在的问题并提出技术监督建议，全面提升设备健康水平。

（二）四项安排

1. 做好检修质量管控安排。梳理断路器更换的关键工序，加强现场检修关键工艺管控，充分发挥"四位一体"技术监督体系力量，做好检修过程的资料记录和关键工序、隐蔽工序的见证验收。统筹验收管理、严格落实三级验收，成立大型作业验收小组，编制专项验收方案，规范严格开展现场验收。

2. 做好检修安全管控安排。工程开工前组织各参与单位开展现场复勘并开展安全技术交底，动态调整每日现场安全管控措施，针对断路器拆除及复装、避雷器拆除及复装等高风险工序采取现场督察与远程督察相结合实现全过程把关，及时发现和制止各类违章行为。创新试点红外线电子栅栏等数字化手段实现吊车作业边界管控。做实五级管控体系，推动分级把关，明确各级职责，强化现场到岗到位管控。

3. 做好检修进度管控安排。组织超高压公司、安徽送变电编制检修进度管控图，做细检修工序流程管理，做实检修作业日例会制度，严格管控各作业面检修进度。针对本次停电时间缩短一天、检修期间阴雨天气等情况，提前开展围栏及钢板敷设、大型机具就位等不停电工作，确保如期完成各项工作。

4. 做好检修现场到岗到位安排。切实履行到岗到位要求：超高压公司分管领导、运检部负责人、管理人员，电科院、送变电等相关单位分管领导及相关人员全程坚守，抓好本次检修现场的质量、安全、进度。

三　项目自主实施遇到的问题及解决措施

1. 厂家备件生产周期较长，造成停电计划匹配难度大。根据西开厂家反馈断路器生产周期至少 70 天，要求芜湖站两台断路器更换至少间隔 70 天，在停电计划申报的过程中省公司设备部反复与华东网调协调，最终确定两台断路器更换的停电时间。

2. 疫情防控造成现场作业人员、物资协调难度大。由于芜湖站属地防控要求，每次断路器更换要求各单位物资、作业人员提前 7 天至芜湖站现场，各个单位在执行中都有困难，但是在设备部的统筹协调下实现了物资人员及时到站，保证了现场作业平稳有序开展。

四 项目自主实施的亮点

1. 措施有效得当

本次检修作业针对该型号断路器前期出现的异常问题，采取针对性提升措施，优化断路器拆装过程中的吊装配合、加强对合闸电阻的检查与气室的二次清理、严格执行点检卡签名确认流程等，检修质量管控到位。

2. 工作准备充分

优化准备工序，落实"六提前"，强化检修方案、人员进场、倒闸操作、物资机具、疫情防控、技术监督准备，前置硬质围栏安装、钢板敷设、大型机具就位等准备工作提前不停电开展（见图2），保障工作进度。

图 2　钢板敷设、机具就位

3. 现场管控有力

加强风险管控，提升安全管控水平和倒闸操作效率，省公司分管领导、设备部负责人到岗到位，高风险工序省公司相关人员全程驻站。

4. 创新管控手段

依托 e 码通数字化，实时查看工作进程；依托风险管控平台，全程监督生产过程；通过人脸识别系统，加强人员出入管理；利用高清视频监督，规范人员作业行为；通过红外线电子栅栏，实现吊车作业边界管控（见图 3）。

图 3　红外线电子栅栏，实现吊车作业边界管控

5. 试点数字化耐压试验

利用三维数字仿真软件，计算试验设备与周边设备的最小距离，模拟最小拆

除范围；打造"数字化试验指挥车"（见图4），汇集各类仪器装备遥测遥控信号，实时掌控现场安全；使用"特高压大型试验管理平台"，"分段式"管控试验，实现流程标准化、管控精益化、作业线上化。首次使用数字化检修数据传输终端（见图5），利用信息传输技术，将仪器测试数据自动采集上传至移动作业

图4 数字化试验指挥车试验现场

图5 数字化检修数据传输终端

终端的 i 国网应用平台,同步至 PMS 系统,有效解决现场手记数据、人工核对录入造成的数据易错漏、人力消耗大等问题。

6. 及时调整优化施工进度

检修期间,面对天气变化、疫情防控等不利因素,在作业面广、危险点多、现场安全管控压力大等诸多挑战下,检修人员克服一切困难,早开工晚收工,最大限度利用晴好天气,加快施工进度,抵消不利因素带来的工期压力。